保育園に心理士がやってきた

多職種連携が
保育の質を
あげる

編著
塩谷　索
吉田かける
藤原　朝洋

「ぼくの保育園の心理士さん」

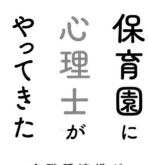

ぼくたちの園には心理士さんがいます。

心理士ってなんだろう。

保育園になぜいるんだろう。

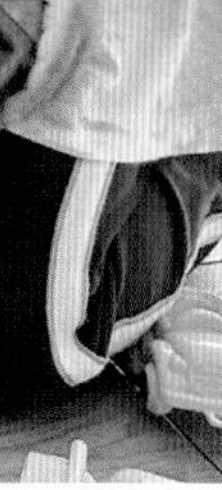

ぼくたちのことをいつもみています。

なにか紙に書いているけど

いったいなにを書いているんだろう。

かける先生とせきや先生が

なにやら作戦会議をしているぞ。

どんなことを話しているのかな。

かける先生と

めずらしいおもちゃをつかってあそんだよ

もっとあそびたかったな。

「次は白いマット！」

ふじわら先生といっしょにあそんであげました。

ぼくたちがつくったゲーム、ぼくたちより楽しんでるな。

ぼくたちの園の心理士さんは

いつも笑顔の

こころづよいみかたなのだ。

保育園に心理士が来るまで

保育士と心理士が仲間になるまで

すべての子どもがいきいきと過ごせる

そんな保育を目指す法人の物語です

prologue

アフリカから日本へ、国際協力から保育へ

社会福祉法人美樹和会　顧問　塩谷　索

私が働く社会福祉法人美樹和会《みぎわかい》は1977年、京都市の南端にある伏見区で誕生しました。翌78年には「みぎわ保育園」という認可保育所を開園。初代園長に私の祖母が就任しました。1980年代前半には私も園児として通い、人生の最初期をみぎわでスタートしています。

私は家業の保育園経営を継ぐつもりはもともとなく、高校卒業後は東京の大学、大学院に進学し、国際関係論を専攻して学業に勤しむ毎日を過ごしました。発展途上国の社会経済の発展を支援する国際協力の仕事に就きたいというのが私の夢でした。

2007年、念願かなって独立行政法人国際協力機構（JICA《ジャイカ》）に就職します。

JICAでは、尊敬できる上司やお互いを高め合える同僚に囲まれて、刺激的な毎日を過ごし

ました。とくに東南アジアにあるカンボジアや東アフリカのタンザニアに長期赴任して、発展途上国開発の現場を肌で感じながら仕事をできた経験は忘れられません。

その国をどうやってよくしていくか。いくつもの障壁が立ちはだかるなかで、数々の社会課題をどう解決していくか。現地の人たちや日本人の同僚、他国の援助機関の職員たちと日夜議論を重ねながら、お互い協力・連携し、ときに生じる対立も対話や交渉で乗り越えていく。大変な仕事ではありますが、そのぶんやりがいも大きく、何より自分自身が仕事を通じて日々成長していると実感できる日々でした。

そのように充実した毎日を送っていても、徐々に私のなかで「いまの環境をそろそろ変えて、まだ若いうちに新しいことにもチャレンジしてみたい」という欲求がふつふつと芽生えてきました。いま振り返るとそれは、「もっと自分の裁量で決定できることを増やしたい」という願いがあったからなのだと思います。そのためにはお世話になったＪＩＣＡを去ってでも、世界を舞台にダイナミックな働き方ができる職場を捨ててでも、自分の可能性に挑戦したい。

そんな思いをかかえていたまさにその時期、実家から「新しい保育園をつくることになって、その運営や経営に協力してくれる人材を探している」というニュースが舞い込んできたのです。民間の経営、しかも仕事の裁量も与えてもらえそうだ。そう期待して、この話に乗ることにしました。

「アフリカで国際協力に従事する独立行政法人の職員」から、「京都で保育事業を営む民間企業の経営者」へ。

私にとって大きな方向転換です。

順調にみえた仕事のスタート

2015年6月、私はタンザニアから帰国し、かつて私が園児として育ったみぎわ保育園に、今度は経営者としてふたたび足を踏み入れました。

私がみぎわ保育園を卒園したのが1987年3月で、あれから28年の時が流れています。それでも、自分が保育園児として過ごした園舎は子どものころの記憶のままで、私の後輩にあたる園児たちがかつての自分のように生きいきと過ごしています。

二人の息子も、無事に4歳児と2歳児でみぎわ保育園に入園させることができ、妻は法人の経営企画室の職員として雇用してもらえることになりました。

私の妻（塩谷晴代。本文でも登場します）はかつて、外資系の金融機関に勤めたあと、イギリスのサセックス大学大学院で教育分野の修士号を取得。その後、フィリピンやカンボジア、インドネシアなどで教育振興のプロジェクトに携わってきたキャリアをもちます。その経験や知識が、間接的にでも保育園経営に活かせるのではないかという期待を寄せられての採用でした。

私はといえば、法人の理事の一員として迎え入れてもらい、当時園舎の設計段階にあった「中京みぎわ園」という認可保育所の開園準備責任者を拝命します。

日中はみぎわ保育園の園児の元気な声を聞きながら保育室をめぐり、現場の様子を保育士から教えてもらいました。夜になって園児や職員が帰ったあとは、事務室で法人経営に関連する資料を読み込み、少しでも早くみぎわの経営陣として戦力になれるようにと情報収集・分析に努める日々。

その合間を縫って妻とともに勉強を重ね、入職から半年後には二人とも保育士資格を取得しました。はじめのうちは新しく学ぶことだらけで毎日が楽しく、業務を終えて家路につくとき、「やっぱり日本に戻ってきてよかった」と心から喜びを感じたことを思い出します。

経営改革をしないと生き残れない

ところが、内部に入ってみぎわの経営実態を知れば知るほど、そして保育業界をとりまく事業環境を調べれば調べるほど、外からは順調に経営しているようにみえたみぎわが、実は多くの問題を抱えていることがわかってきました。

組織として整えておくべき人事・労務面のルールが整備されていなかったり、経理面での処理が適切におこなわれていないものが散見されたり、予算の立案がしっかり考えておこなわれていなかったり（公認会計士に丸投げし、公認会計士は前年度の収入・支出実績をそのまま翌年度予算案にしていた）、ましてや業界の今後の動向を見据えた中長期の経営戦略など皆無だったり…。

みぎわの経営は順調だと思い込んでいたけれど、このままではまずい。いまはまだよくても、いつか業界に逆風が吹いたとき、経営が行き詰まってしまう危険性が高い。

はじめのうちに感じていた純粋な楽しさは、経営改革を早期に行わねばという強い焦燥感に変わっていきました。

当時の京都市の保育業界では、待機児童問題の解決に軸足が置かれており、保育園の定員割れ（園児が入ってこない）などの問題はまだそれほど顕在化していませんでしたが、人口推移（自然増減および社会増減）や特殊合計出生率をはじめあらゆるデータが、少子化の影響がこれから本格的に押し寄せてくることを示していました。

やがて保育業界にとって冬の時代が来るはずで、それはそんな遠い将来の話ではない。そう私は危惧していました。

保育園どうしで園児確保競争をしないといけない時代がやってくる。

裏を返せば、保護者が自分の子どもを入れたい園を自由に選べる時代がまもなく訪れる。

ならば、いまからみぎわは選ばれる園になるための努力をはじめなくてはいけない。保育の質をさらに向上させ、また法人として他園との差別化を図らなくてはいけない。そのための投資を十分に、タイムリーに、そして継続的におこなえるような経営基盤を築かなくてはいけない。

こうして、私はみぎわの経営改革の取り組みを開始しました。

経営改善をしつつ、保育の質の向上もめざす

まず着手したのは、足元の経営改善です。

より具体的には、法人の財務・人事・広報戦略の抜本的な見直しでした。戦略の見直しというよりは、まともな戦略自体なかったので、ゼロからつくったといったほうが正確でしょう。また、保育・給食・事務の業務フローの効率化（ＩＣＴ導入含む）にも力を入れました。ただし、これは本書の主眼テーマではありませんので詳しくは述べません。保育園の経営改革に関心をおもちの方は、ぜひ私までご連絡ください。本書で書けなかった追加情報をお伝えできます。

さて、私は経営改善の取り組みをすすめるかたわら、肝心の保育の質の向上をどう図っていくか

についても同時並行で検討していきました。

乳児組で「育児担当制保育」をより充実させ、子どもと担当保育士との愛着関係をしっかり形成していくにはどうすればよいか。

幼児組で「異年齢保育」を導入し、歳児の異なる園児どうしのかかわりや学び合い、支え合いを促進していくにはどうすればよいか。

園児へのよりよいかかわりをめざして内部で議論を重ね、保育現場での試行錯誤を繰り返す日々がつづきます。

そのようななかで、発達支援が必要と思われる園児が相当数いるにもかかわらず、その子どもたちへの適切なかかわりが十分にできていないという課題があることも認識していました。何とかしないといけないという意識はあっても、「ではどうやって？」という問いには具体的な回答を出せないまま、無為に日々が過ぎていきました。

しかしあるきっかけから、みぎわは発達支援に全力を注ぎはじめます。健常児であっても要支援児であっても、すべての子どもたちに成長の機会を保障できるような保育園をめざして。

この本では、その物語をご紹介します。

CONTENTS

Part 1

みぎわが発達支援分野に力を入れるようになるまで

顧問　塩谷　索

Chapter

1 園で預かることができなかった要支援児

2017年5月。

晴天の日が多く、暖かな日々がつづく京都市。

その日もよく晴れて、青空に新緑が映える土曜日でした。私は京都市中京区にある中京みぎわ園で、午後1時半から予定されている保育園見学に園長として応対するため、待機していました。

土曜日ですから登園児数は平日よりも少なく、しかも午後の時間帯は子どもたちが午睡（お昼寝）に入っています。毎日園児たちのにぎやかな声が響く園内には、束の間の静かな時間が流れていました。

見学の予定時間になると、一組の母子が中京みぎわ園を訪れました。

塩谷顧問

子どもは2歳児の男児で、はじめて来る場所に戸惑いを見せています。お母さまがその子の手を引いて玄関から1階のロビーにあがったところで、その子は泣き出してしまいました。

お母さまによると、その子はそろそろ3歳になるけれどまだ発語がなく、まわりの人が話しかけても反応しなかったり、視線がなかなか合わなかったりと、明らかな自閉傾向があるようです。

お母さまは見学中もその子を抱きしめながら、何とか不安を和らげようとしますが、私が園内を移動しながらつぎつぎと新しい場所を紹介していくものですから、その子は一向に泣き止みません。

そこでいつもより見学ツアーを早めに切り上げて1階のロビーに戻り、質問やご相談をお受けすることにしました。お母さまからは、子どもの発達について行政に相談していること、発達検査を受けたいと思っているけれども現在は順番待ちの状態であること、わが子には集団のなかで他児とかかわりながら成長してほしいと願っていること、などいろいろな想いをお聞きしました。

発達支援に詳しい先生がいて、障害がある子でも集団のなかで育ててくれるような場所を探し求め、多くの保育園を見学してまわっているとのことでした。

中京みぎわ園はそのとき園児の受け入れ枠が若干ながらあり、希望を出せば入園は可能な状態でした。お母さまに「うちには発達支援の分野に強いスタッフがいて、どんな特性の子どもでもお預かりできますよ」とお答えできればよかったのですが、それはできません。

自閉傾向の強い子どもをクラスに迎え入れ、その子の個別支援をしながら集団生活での活動にも参加できるようにするという知見が、そのときの中京みぎわ園にはなかったからです。私が知る限りの情報（児童発達支援事業所を併設していて発達支援に強みをもつ市内の保育園や、療育施設で評判のよいところ等）をお伝えするのが精いっぱいでした。

見学を終えて、園の玄関の外までお母さまとお子さんをお見送りしました。

その子は園の外に出られたことで少し落ち着いた様子を見せ、お母さまに手を引かれながら晴れた三条通りを歩いて帰っていきました。

二人の後ろ姿を見送りながら、「この子にはできるだけ早く、他の子どもといっしょに過ごせる環境を与えたいんです」というお母さまの願いに応えられなかった無力感とともに、私は園内に戻りました。

Chapter

2

十分に顧みられない障害児への支援ニーズ

保育園に蓄積されてこなかった発達支援のノウハウ

みぎわは1978年から「みぎわ保育園」という認可保育所を運営し、これまで多くの子どもたちの保育をおこなってきました。約半世紀にわたる歴史のなかで、発達支援が必要な子どもを受け入れ、その育ちを支えてきた実績はいくつもあります。

しかし、過去に要支援児を数多く受け入れてきたとはいえ、その経験から得た子どもへの適切なかかわり方や環境設定上の工夫などのノウハウは、保育士の個人的な知見にとどまっていました。

クラスを超えて共有されたり、時代が流れても受け継がれたりといったことはなく、経験豊富な保育士の退職とともに、その人がもつノウハウは園から失われていたのです。

もちろん、これは望ましい状況ではありません。

けれども、そうなってしまっていた大きな理由の一つとして、ベテラン保育士自身、自分の子どもへのかかわりや声かけの方法、工夫しておこなっているさまざまな配慮がなぜ有効に機能するのか、言葉にして同僚に説明するのが難しかったからというのがあります。

クラス内の会議で話し合ったり、個別の支援計画を作成したりはしていても、発達科学上の根拠をもって議論できていたわけではなく、日々の試行錯誤のなかで、たまたま有効だったかかわり方の情報を共有するということが多かったように思います。

国や自治体の制度を活用してもなお、保育現場での課題感は残る

そのような手探り感がありながらも、障害児保育をテーマとしたキャリアアップ研修を受講したり、京都市が実施する発達支援コーディネーター研修に参加したり、発達支援分野の学びなおしをする努力はしていました。

＊1 「療育支援加算」や「障害児保育加算」といった国の制度もありますが、これとは別に京都市独自で障害児を受け入れる園への補助として支給されるものです。

京都市は「障害児保育対策費」といって、配慮が必要な園の子どもの人数とその障害程度に応じて加配保育士を配置するための補助金を支給していますし、それも活用していました。[*1]

また、京都市が公益社団法人京都市保育園連盟に委託して実施している「障がい児保育相談事業」というものもあります。これは、心理士などの専門相談員が各園を巡回し、子どもの発達面での相談に応じるというもので、「巡回相談」と呼ばれます。

基本的には年度を前期と後期とに分けて、それぞれ1〜2回ずつ専門相談員が園を訪問します。そして集団観察における行動観察をおこなったあと、保育士にフィードバックをし、そのなかでもより個別の観察が必要と判断される子どもについては、別日を調整して追加の保育相談が実施されます。

発達の専門家である相談員の方に直接園児を観察していただき、対面でアドバイスを得られる機会はとても貴重なものです。それでも、1回の訪問で対象にできる上限人数は3クラス10名であり、時間も最大5時間と限られているため、気になる子全員について相談できるわけではありません。また、アドバイスされた内容を保育現場で試してみて、うまくいった場合はよいのですが、うまくいかなかった場合は次の相談の機会まで数か月から半年ほど待つことになります。

この巡回相談以外にも、料金を支払って追加の巡回をお願いするという選択肢もあったのですが、さすがに困りごとがあるたびにそうした依頼をするわけにもいかず、やはり基本は自園で対処することになります。

このようにみぎわは、京都市独自の障害児保育の支援策を利用しながら、自分たちの力量不足も感じるなかで、園として何とか要支援児に向き合ってきました。

早期発見、早期療育を可能にする支援体制がまだ整っていない

要支援児を育てる保護者へのサポートも大切です。子どもが生きづらさを感じているとき、保護者もまた育てづらさを感じており、わが子の成長や発達に悩んで子育てへの自信を喪失してしまうこともあります。悩みをかかえた保護者から依頼があり、発達相談を受けることもありますが、やはり保育士だけでは専門的な対応に限界があると言わざるをえません。この点は保育園側の課題だと感じていました。

他方で行政側（ここでは京都市）の支援体制に目を向けると、役所で行われる1歳半健診や3歳児健診で子どもの発達の遅れを指摘され、児童福祉センターでの発達相談や発達検査につながるというパターンが多いものの、そこから実際に発達相談につながるまでは1か月ほど、発達検査の実

施までは半年から1年ほど待機する必要があります。医師による診断を受けて診断書が出るまでは約2年もかかるなど、スムーズに必要な支援につながることが難しいのが京都市の現状です。

療育施設の利用に際して必要となる発達検査は、原則として児童福祉センターが実施する必要があり、民間のクリニックでの発達検査結果を活用してこなかったことも京都市での待機期間が長くなる要因の一つだと思います。

発達検査の実施の遅れは療育開始の遅れに直結しますし、「早期発見、早期療育」が発達支援の鉄則であることを鑑みても、今後の改善が必要でしょう。

そうした課題はありますが、京都市では障害児保育対策費や巡回相談など、独自の取り組みで発達支援を促進しようと、行政サイドも努力しています。

すべて行政に頼りきることなく、民間が自助努力をすることこそ今必要なはず。

民間の保育園としてまだまだやるべきこと、できることはあるだろう。

そのことは確信として私のなかにあったものの、では具体的にどんなアクションをとればいいのかという方策を思いついておらず、思索と悩みの日々を過ごすことになります。

Chapter 3

行政ができないところは民間がやればいい

発達支援を強化しようと試行錯誤する日々

「どんな発達特性をもつ子どもでも自信をもって受け入れ、その子に合った支援をしながら集団生活も経験できるようにするにはどうすればよいのか。そのためにいま民間の保育園を経営する立場である私がやるべきことは何なのか」

寝ても覚めても、そのことばかりを考え続けました。

保育士が発達支援に関する外部の研修を、より積極的に受けられるような体制を組めばいいのか。研修で学んだことを、園内研修などを通じて他の保育士にも伝達できる機会を増やせばいいのか。クラス会議の内容をもっと充実させ、個々の園児の発達に関する議論の時間を増やせばいいのか。

いま挙げた3つの対応はいずれも重要で、みぎわもこれまで以上に意識して取り組むようにはしました。

けれども、研修をもっと受ける、議論の時間を増やす、というだけで本当に対応しきれるものなのか、もっと抜本的なアプローチがあるのではないかという思いを拭えずにいました。

妻の行動力に触発されて

2017年6月当時、保育園での業務を終えて家に帰り、妻の晴代と交代で子どもたちの夕食をつくるというのが、私の生活のルーティーンでした。

子どもたちが寝静まったあとリビングで、園児への発達支援をどうすれば強化できるのかというテーマで毎晩のように妻と話し込みました。

妻は2017年3月まで、私が園長を務める中京みぎわ園に保育士として勤務しており、保育現場のことも職員のこともよくわかっていたので、私にとっては最良の相談相手だったのです。

ちなみに妻は2017年4月から言語聴覚士の専門性を身につけようと専門学校に通っていました。

というのも、私たち夫婦の次男（当時、中京みぎわ園の4歳児クラスに在籍）に、その前年ごろから吃音症状がみられるようになってきて、家庭内や保育園の友達とのコミュニケーションに問題はないものの、保育園でどのような配慮が必要か、大人側が考えあぐねている状況だったのです（吃音のことを同じクラスの子どもたちに伝えるべきか、伝えるとしたらどのように伝えるかなど）。

吃音という発達特性があっても、本人が他者とのコミュニケーションをとる意欲をこれからももちつづけられるようにしたい。

そして、周囲の人たちに吃音のことをわかりやすく説明して受け入れてもらい、理解不足からくる誤解やすれちがいなどが生じないようにしたい。

そのためにまず自分が言語発達の基礎を学んで専門性を身につけ、次男にとって適切な支援を家庭で始められるようにしよう。

そうした決意をもって妻は日々勉強に励んでいました。

当時はまだ次男の発達検査は順番待ちで、療育を受けられていませんでしたが、「この子が行政の専門的な支援を受けられるまで待つよりも、自分で専門的なかかわりをできるようにしたほうが早い」と力強く言い切る妻を見て、私はある決断をします。

「みぎわでも、行政の支援を待つだけではなく、発達支援の専門家（心理士・リハビリ職[*2]）を直

＊2　ここでは言語聴覚士、作業療法士、理学療法士を想定。

接雇用し、保育園独自でできる支援の幅を自分たちで拡げよう」

父として、そして次男が通う保育園の園長（当時）として、保育園で過ごす日々のなかで専門的なサポートが受けられるような体制と環境を本気でつくろうと決めた瞬間です。

現実的には次男（すでに4歳児。年中クラス）が在園しているあいだに、みぎわの発達支援の体制が整う見込みは薄かったのですが、うちの次男だけではなく支援が必要な園児はいますし、これからも入園してくるはず。

かつて中京みぎわ園に見学に来られた自閉傾向のある2歳児とそのお母さまを、私たちの力不足で受け入れられなかった悔しい記憶も忘れてはいません。

決心したからには、あとは行動あるのみです。

どんな心理士・リハビリ職でもいいというわけではない

どんな発達特性をもつ子どもでも自信をもって受け入れ、その子に合った支援をしながら集団生活も経験できるようにするにはどうすればよいのか。

その課題に対し、「保育園で発達支援の専門家（心理士・リハビリ職）を直接雇用し、園で実施できる支援の幅を自分たちで拡げる」という私が出した方策。

私が当初、心理士・リハビリ職に期待していたのは次の2つでした。

> ① 保護者による子どもの障害理解がすすみ、行政の発達相談や発達検査につなげたいという意思があっても、順番待ちで待機している場合、園の心理士・リハビリ職が発達相談や発達検査を迅速におこなえるようにすること
>
> ② みぎわが運営する複数の施設に、園の心理士・リハビリ職が高い頻度で巡回相談をおこなえるようにすること

これが計画どおり実践できるかどうかは、実際にやってみないと正直わかりません。

なにしろ、みぎわの歴史のなかではじめて心理士を雇うわけですから、さまざまな不安が頭をよぎります。

とくに心配だったのは、「心理士の専門性を保育士側がきちんと理解し、保育現場で活用してくれるだろうか」ということと、その逆に「心理士が保育士の専門性と現場ならではの苦労や工夫を理解し、歩み寄る姿勢をみせてくれるか」ということでした。

それまでのみぎわでは、保育士が職員の圧倒的多数を占めており、あとは栄養士が数名、看護師はいたりいなかったりというような状態でしたし、異なる職種どうしの連携はあまりすすんでいなかったと認めざるをえません。

以前、看護師を職員として雇ったときは、病院勤務時代の感覚で子どもの安全や衛生面が最優先というスタンスの看護師と、子どもの遊びを最大限に保障しようとする保育士とのあいだで折り合いがなかなかつかず、両者の歩み寄りができないまま看護師が離職してしまったことがありました。

もちろん看護師の重視する安全・衛生面での配慮は必要です。一方で保育園なのですから子どもの遊びや活動はなるべく制限したくはありません。

要は両者の価値観のバランスをどこでとるかということであって、お互い歩み寄って建設的な話し合いをできればよかったのですが、それがうまくできなかった過去の反省と後悔の記憶が頭をよぎります。

となると、心理士・リハビリ職だってどんな人でもいいというわけではありません。

理想としては、小児分野に関心があって、心理・リハビリ面だけではなく保育の営みのなかでの子どもの育ちを総体的にとらえられるような視野の広い柔軟な人。

そしてこの新しい取り組みを面白いと感じてくれ、前例がないからできないなどと怯むことなく、むしろ前例がないならつくってやろうという挑戦気質をもった人。

ベテランで経験が豊富ならもちろん心強いのですが、それよりも柔軟性があって、新しい試みに私と同じ熱意をもってくれるかどうかを重視しようと決めていました。

仲間になってくれる心理士を求めて

それからというもの、そんな人がどこかにいないか、心理士を探す日々が始まります。

これまでみぎわではハローワークや民間の人材紹介会社、保育士養成校の実習生のスカウトなどで人材確保をおこなってきましたが、どんな求人・採用活動をすれば心理士の応募を得られるのかについては皆目見当がつきません。

そうこうしているうちに２０１７年は暮れていき、２０１８年を迎えました。

年明け早々の正月、私はみぎわの評議員を務める佐々木隆吏《たかし》さんとプライベートで会う機会がありました。

佐々木さんは私が2015年8月にみぎわで働くようになった直後から、はじめての保育園経営に戸惑う私をずっと支えてくれた人物です。2011年から15年にかけては京都市議会議員も務め、幅広い知識と人脈をもつ彼を私は頼りにしていました。それに私と同世代（お互い当時は30代後半）ということもあって、評議員会などがなくても個人的に食事に出かけ、さまざまな相談をしていました。

そのときも私は佐々木さんに経営相談をしており、そのなかで「心理士を探しているけれども、条件に合いそうな人とどこで会えるかわからなくて…」という悩みを吐露したと

佐々木隆吏評議員（左）と塩谷顧問

ころ、彼は少し考えてからこう言ったのです。

「まだ若手だけど、知り合いにおもしろい人がいますよ」

私はぜひその人を紹介してほしいと彼に頼み、2018年2月にJR宇治駅近辺の居酒屋でその人を交えた飲み会をアレンジしてもらいました。

そしてその宇治での飲み会の夜が、みぎわ初の保育園心理士が誕生するきっかけになったのです。

Part 2

保育園に はじめて心理士が やってきた

心理士　吉田　かける

Chapter 1

保育現場に心理士の存在を受け入れてもらうまで

心理職の仕事を探し求めて

私（吉田）は帝塚山大学大学院修了後、同大学内のカウンセリングセンターの事務員兼研修生として活動したあと、２０１７年に児童相談所と精神保健福祉センターで働きました。

児童相談所では発達相談や療育手帳判定に必要な発達検査において、保護者への聞き取りや療育手帳および福祉サービスの相談対応をしていました。

精神保健福祉センターでは、うつ病等、精神疾患の方やその家族への相談対応と福祉サービスの説明、精神保健福祉手帳と自立支援医療費受給者証の審査補助、とくに10～30歳代の自殺対策に力を入れ、電話相談や自殺予防の啓発、ゲートキーパー（自殺を考えている人を止める身近な人）の養成研修をおこなっていました。

吉田心理士

ちなみに当時は、臨床心理士の試験に2016、17年と2年続けて不合格となり、私自身「今年、臨床心理士試験が不合格なら、臨床心理士となる道をあきらめ、ほかの仕事を探す」と家族に伝えていました。

そして、背水の陣で臨む2018年度の試験に備え、試験勉強と仕事との両立ができる職場がないものかどうか、就職活動をしているところでした。

みぎわとの偶然の出会い

2018年2月、当時私の弟がお世話になっていた人材派遣会社の社長であり、みぎわの評議員である佐々木隆吏さんから弟を通じて「発達障害をもつ子どもの支援をうちの法人（みぎわ）が強化していきたいと思っているので、相談できないか」と連絡があり、JR宇治駅の近くの居酒屋で話をすることになりました。そこで佐々木さんだけでなく、岡村勇毅さん（みぎわの監事。公認会計士・税理士）、塩谷索理事長（当時。現顧問）とお会いしました。

実はこのとき、「保育園で療育手帳を取れるようにしたい」といった事前情報があり、「いやそれは無理だ。なんだか怪しい保育園だな。療育手帳の仕組みから説明しないとな…」という気持ちで私はしぶしぶ宇治に向かったのでした。

しかし、飲み会がはじまってすぐにそれが誤解であることが判明します。

さらにみぎわの構想する大胆ともいえる発達支援方針を聞き、私のなかにあった疑念の気持ちは、興奮と強い興味へと変化したのです。

塩谷理事長から、京都市では要支援児が発達相談につながるまでに1～2か月待たざるをえないこと、発達検査を受けるにはさらに半年かかること、検査の結果を受けて療育支援につながるには療育施設の定員の空き状況次第という心もとない状態であること、医師による診断を受けようと思えば、さらに2年近くかかることを聞きました。

私の想像以上の待機期間です。これでは3歳児健診で発達面の課題を指摘されたとしても、療育や診断を受けるころには年長児もしくは小学生になってしまいます。

保育園の要支援児と保護者をとりまく支援の現状は、私が思っていたより厳しい状況でした。

この逆境ともいえる状況に対して塩谷理事長は、

「半年に1回は京都市保育園連盟から巡回相談に来てくれる心理士がいて助かっているが、その頻度を増やしてほしいとか、そもそも児童福祉センターによる発達相談や療育につながるまでの待機の期間を減らしてほしいという気持ちは正直ある」

と保育現場の苦労をうかがわせる心情を述べたあと、私の目をまっすぐ見てこう言ったのです。

「でも、行政からの支援をただ待って、なかなか来てくれないとか文句を言っていても何も変わらない。保育園内部に言語聴覚士や臨床心理士を雇い、支援が必要な園児に適切なサポートをできる体制をみぎわ独自で構築していくことを真剣に考えている。その人件費は経営努力で捻出する。それに、うちの保育園での取り組みが先行例になり、他園にも普及していくような先駆的なプロジェクトを始動させたい。このアイデアについて、吉田さんの意見をぜひお聞きしたい」

事前情報とはまったく異なる熱い想いを聞き、私は衝撃を受けました。

そして、「このアイデアは、たしかに人の役に立つ。支援のニーズはたくさんあるけれども実際のサポートが不足している分野で、困難を抱える人々にとって助けになるだろう」と強く共感した瞬間をいまでも覚えています。

残念ながら、そのときの私には有効なアドバイスを即座に提供できるような知識も経験もなく、具体的なプロジェクトのすすめ方までに話は発展しないまま、飲み会はお開きになりました。

けれども、「おもしろそうな取り組みだし、これには自分も参加したい」という想いに駆られた私は酔った勢いもあって、その夜のうちに出身大学院の指導教員に相談のアポをとりました。

発達分野について勉強しなおす

塩谷理事長との出会いの翌日、私はさっそく帝塚山大学大学院に赴き、指導教員に昨夜のことについて話しました。そして、保育園で心理士が発達支援をおこなうには何が必要かを相談しました。指導教員からはそもそも臨床心理士の試験勉強は順調なのかということや、無理をしがちな私の身体は大丈夫なのかということを訊かれました。

両方とも問題ないと自信満々で答える私をいぶかしげに見ながらも、「発達障害の勉強はもちろん、小児の発達分野について一から勉強しなさい」というアドバイスをいただきました。そこから私は改めて発達障害や小児の発達の勉強をしなおします。

学生時代とはちがって今度は自分が知りたい、知らねばと強く思う分野の勉強ですから、知識をどんどん吸収できていくのがわかります。

それに、勉強するなかでいままで気づかなかったいろいろな疑問も自然とわいてきました。

「学校にはスクールカウンセラー、幼稚園にはキンダーカウンセラーがいるのに、保育園にはなぜいないのか」。

この状況はやはり変えないといけない。

そして「もし実際に保育園で心理職が発達支援の仕事ができるようになる日が来たら、やはり自分はそこで働いてみたい」という想いが、勉強すればするほど強まっていったのです。

二足のわらじ
「平日の仕事のご褒美は、みぎわでの土曜日の仕事」

小児の発達分野の勉強をしながらも、2018年4月から私は京都府の重症心身障害児・者施設がある医療機関に、非常勤の児童指導員として勤務していました。

その間も佐々木さんとは連絡をとっており、今度は自分から塩谷理事長との会食をセッティングしてもらえないかと依頼しました。佐々木さんの動きは早く、4月下旬のある夜、宇治市の焼肉屋で塩谷理事長とふたたびお会いすることができました。

塩谷理事長には、前回お話を聞いてから自分なりにいろいろ考えたり勉強したりしたこと、そして「心理士が保育園で働くのなら相談室などにいるだけではなく、保育園内を動きまわり、現場のことを知ることが大事なはずだ」と私の考えたことを話しました。

さらに「いま勤務している医療機関の仕事がない土曜日だけでも、この取り組みのお手伝いをさせてほしい」と直談判しました。

塩谷理事長は私の話にうなずき、しばらく考えたあと「心理士がまず保育現場を知るのが大事というのはそのとおりだと思う」と答えました。

そして「では土曜日にまずは保育士といっしょに汗を流し、子どもとかかわってみてほしい。実際にやってみないとわからないことばかりだし、苦労もあると思うが、そのときは相談し合って、乗り越えていこう」という言葉をかけてくれたのです。

こうして私は、週1回の非常勤職員としてみぎわ保育園で働くことになりました。

平日は医療機関、土曜日はみぎわという「二足のわらじ」の生活のはじまりです。

医療機関での仕事は医師、看護師、児童指導員、保育士、療養介助専門員が連携しておこないます。そこでは、利用者への支援に関する情報共有や個別支援計画の作成と実施、利用者への心と身体の安全面の保障、利用者だけでなく家族への支援など、現在のみぎわでの働きの基本となる経験を得ました。

平日の仕事が終わってからは、夜な夜な臨床心理士と公認心理師の二つの資格試験勉強のため机に向かっていました。

そして土曜日がくると意気揚々とみぎわに出勤します。

臨床心理士の大半は非常勤として複数の現場で勤務し、常勤で働くことのできる職場は多くはありません。ましてや当時の私のように臨床心理士の受検資格のみ（つまりまだ無資格）で働ける職場はさらに稀少です。

だからこそ、週1回の土曜日だけでも心理学の専門性をフルに活かすことができるみぎわでの仕事は自分にとってうれしく、「平日の仕事のご褒美として、土曜日のみぎわの仕事に行ける」と思って土曜を待ち遠しく思っていました（決して平日の仕事が嫌という意味ではなく、心理の仕事がないことへの悶々とした状況からの解放という意味です）。

保育園での仕事のはじまり

さて、保育園での心理士の働き方を説明するまえに、まずはみぎわ保育園での幼児組の一日の流れを紹介しておきましょう。

午前7時から9時30分ごろまでのあいだに園児たちが登園してきます。10時にはじまる朝の会までは、保育室や園庭で自由遊びを楽しみます。朝の会では、子どもたちにその日のスケジュールや遊びの内容をわかりやすく伝え、10時15分から12時ごろまでは設定保育[*3]を行います。12時からは給食の時間。食べ終わったあと歯を磨き、13時から15時まで午睡をして体力を回復させ

みぎわ保育園の一日の流れ（幼児組）

7:00〜10:00	登園後の自由遊び
10:00〜10:15	朝の会
10:15〜12:00	設定保育
12:00〜13:00	給食
13:00〜15:00	午睡
15:00〜15:30	午睡後のトイレ等
15:30〜16:00	おやつ
16:00〜18:30	降園まで自由遊び

ます。午睡後の15時30分からはおやつを楽しみながら栄養補給もし、その後はお迎えまで自由遊びを楽しんだあと、お迎えが来て子どもたちは元気に家庭に戻っていくというのが、みぎわ保育園の一日です。

私はといえば、設定保育の前、つまり9時30分から10時までの時間をつかって、保育士からその日観察する要支援児の情報を聞くところから土曜日の一日をスタートしていました。朝の会もしくは設定保育から保育現場に入り、要支援児の発達に関するアセスメント*4をおこなうのです。そして、午後の午睡中の時間帯にアセスメントした情報をもとに記録を作成し（当時は持参したノートへの手書きでした）、園長と担当保育士にフィードバックしていました。

「障害児保育プロジェクト」を立ち上げる

保育現場で心理士の働き方を模索する日々を過ごした2018年度。この期間を私と塩谷理事長

＊3　あらかじめ保育士がどのような保育を実施するのかを計画し、保育士が率先して子どもを指導する保育の形式。
＊4　心理学では、「面談、観察、心理検査を通して対象者をさまざまな視点から捉え、その人が抱えている問題を理解すること。また、適切な介入や支援を考えること」と定義されます。

とは事前調査の期間と位置づけていました。何の調査かというとみぎわの「障害児保育プロジェクト」です。プロジェクト名は私と塩谷理事長とで決めました。

心理士・リハビリ職が保育現場に入って発達支援をおこなうことが障害児保育の質を向上させるうえで有効だということを実証し、それを全国の他園にも普及していけるようなかたちに落とし込んでいくこと。それがこのプロジェクトの主眼でした。

まずは机上の検討ながら、障害児保育プロジェクトでの心理士・リハビリ職の基本となる活動として以下の5つを挙げました。

①　要支援児のアセスメント（行動観察を通じて）
②　保護者からの発達相談の受けつけ
③　要支援児への発達検査（保護者からの要請に応じて）
④　要支援児が療育機関につながるまで、保育園で実施する療育
⑤　障害児保育プロジェクトの普及に向けた、報告資料の作成と実際の広報活動

やるべきことは山のようにあります。

まずは「①要支援児のアセスメント」のための行動観察の記録用紙を作成し、保育士への回覧ルールを決めました。行動観察の結果は実際に保育に活かされなければ意味をもちませんから、観察結

果に基づいて毎日の保育現場でどういうかかわりをもつかを示す、個別支援計画の初期フォーマットをつくりました。

「②保護者からの発達相談の受けつけ」では面談内容を記録し、それを園内で共有するフォーマットが必要ですので、それも新たに作成しました。

「③要支援児への発達検査」の実施には、より慎重を期しました。児童福祉センターで療育手帳発行のための検査をおこなう可能性がある場合、それと重複してはいけません（その理由は本書の157ページに詳述しています）。ですからタイミングにも注意を要します。これについては京都市児童福祉センターと意見交換をしながら、実施の可否をじっくりと見定めていくことにしました。

「④要支援児が療育機関につながるまで、保育園で実施する療育」については、心理士と言語聴覚士、当時まだ法人にはいなかった作業療法士が加わったときの、それぞれの専門性を活かした役割とはどのようなものかを考えました。そして保育士はわれわれ心理士・リハビリ職の意見の取りまとめを行い、保育現場に取り入れていく役目を担うという将来像を見据えたイラストを手書きで作成しました。

ちなみにこのときのイラストは初心を忘れないように、現在も法人にプロジェクト黎明期のドキュメントとして保管されています。

のちに作業療法士として入職することになる尾崎将充（作業療法士／COLUMN166ページ参照）

からは「僕が入職する3年以上前に作業療法士の存在まで言い当てていたから、これはまさしく『予言の書』だね」と冗談っぽく命名され、私自身それを聞いたときは恥ずかしさもあり苦笑いしましたが、なんだかんだで、いまは気に入っています。

なお、こうしたアイデアのほとんどは職場ではなく、居酒屋での塩谷理事長との熱い協議によって生み出されてきました。飲みの場での協議はリラックスした雰囲気で行われ、それがよかったのか多くの案が次々と出てくるのです。気楽な感覚で職場の人（というか法人のトップの人だったのですが…）と飲みながら自分のめざしている夢について、新しい事業のスタートアップについて議論するというのは楽しいものです。

そんな飲み会はいまも続いていて、自分の明日への活力になっています。

個別療育ではなく保育そのものの質の向上を

居酒屋での議論を終えて家に帰った塩谷理事長は、塩谷晴代さんに話し合いの内容を伝えて、意見を求めていたようです。

2019年2月、言語聴覚士の国家試験を成功裏に終えた塩谷晴代さんから

「せっかく保育園にいるのだから、私たちがめざすべきは、療育機関につながるまでの**つなぎの支援**（個別療育など）ではなくて、日々おこなっている**保育そのものの質の向上**では？」

という鋭い指摘が入りました。

この一言が、障害児保育プロジェクトの方向性を見直す転機になりました。

私たちが日々実践している保育には、実のところ療育的な要素がすでに多く含まれている。

けれども保育士が必ずしもそのことに気づいているとは限らない。

ベテラン保育士であれば、長年の経験からそのことを肌感覚でわかっていて、知らず知らずのうちに適切なかかわりができて

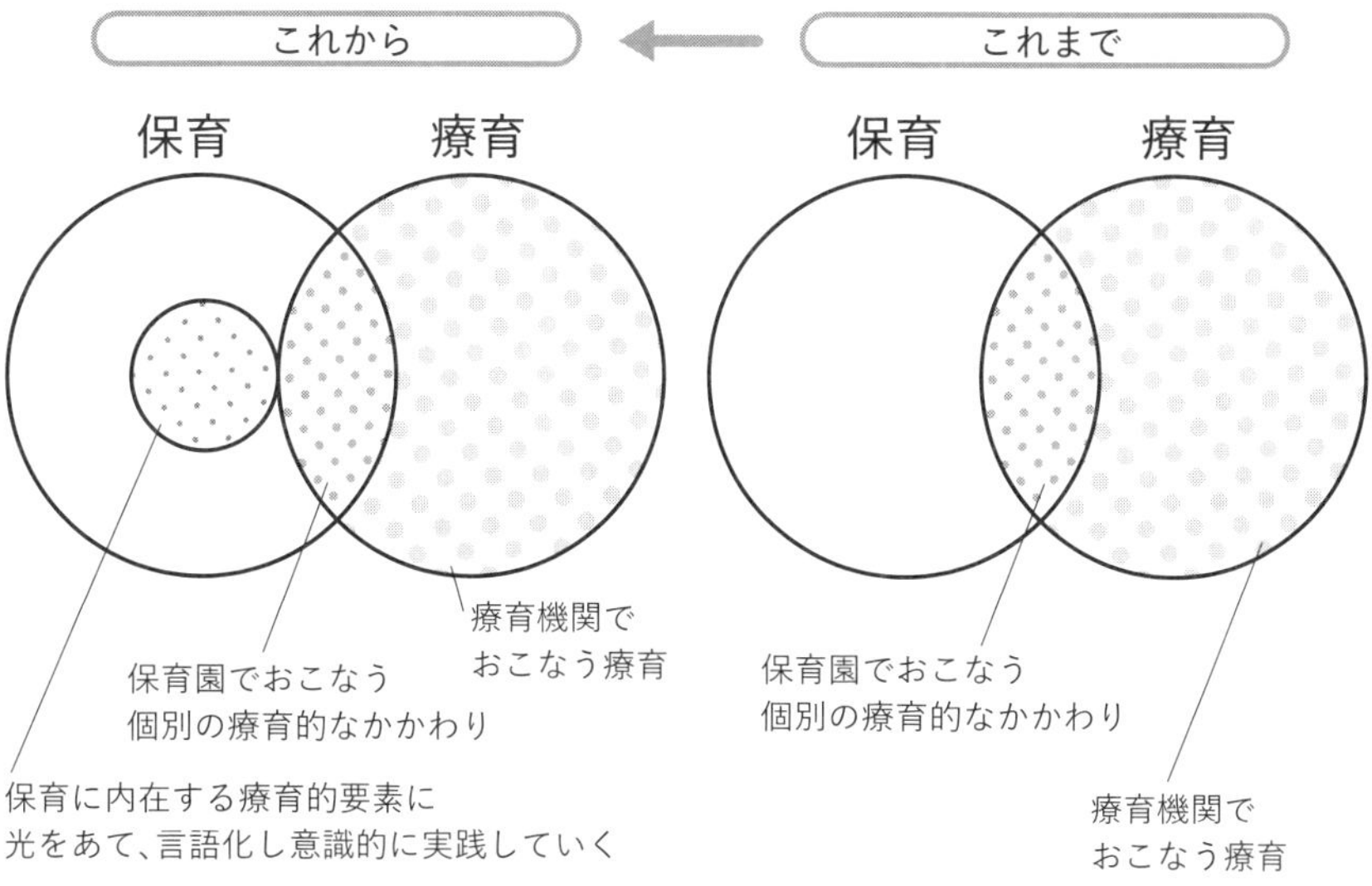

図）障害児保育プロジェクトの方向性の転換

いるケースが多い。しかし、それがなぜできているのか言語化するところまでいっていない。

こうした保育士の暗黙知ともいえる知恵を、みんなにも共有できて再現可能な形式知にしていくことで、保育が本来もっている療育的な要素をフルに活かした保育活動につながる可能性がある。

そのことに気づかされたのです。


そこで、障害児保育プロジェクトの活動④「要支援児が療育機関につながるまで、保育園で実施する療育」の比重を低め、かわりに「いまのみぎわの保育のなかに含まれている療育的な要素を抽出し、保育士の誰もが日々わかりやすく実践できるような提案をおこなう」という活動を重視するようになりました。

Chapter 2

保育士との連携が生まれ始めたとき
～小さな火種を大切に

常勤職員になってすぐ、目の前に立ちはだかった壁

私は２０１８年末に実施された臨床心理士、そして公認心理師の2つの資格試験に合格し、またそれまでの現場での奮闘を塩谷理事長に認めてもらえて、２０１９年4月からは常勤職員として雇用されました。

みぎわ初の心理士の常勤職員が誕生した瞬間です。

そして言語聴覚士の国家資格を取得した塩谷晴代さんもみぎわに復帰し、障害児保育プロジェクトは2名の心理士・リハビリ職の常勤職員を得て、より本格的に現場での取り組みをすすめていきます。

なお、心理士資格を取得したばかりの私にはまだまだ未熟な部分も多いため、当時みぎわの評議員を務めていた藤原朝洋さん（臨床心理士・公認心理師）に月1回、スーパーバイザー（若手の技術指導をするベテラン心理士）としてプロジェクトに参加してもらうことが決まりました。そして私は、藤原心理士の指導を受けながら活動することになりました。

資格を取って常勤職員になり、頼もしいスーパーバイザーも得て、自信満々で保育現場に足を踏み入れる私。

ところが、保育士との連携が確立できるまでには幾多の困難が待ち受けていたのです。

保育士に心理士の存在意義が伝わらない

2018年度は週1回、土曜日だけの勤務であり、その1年間はいま思うとある意味「お客様」として保育園を訪問していると保育士に思われていたのでしょう。

2019年から常勤として勤務をはじめると、心理士の役割に対する現場の保育士の誤解が、まもなく顕在化してきました。

その誤解とは、「常勤になったのだから、要支援児のアセスメントだけではなく、クラスの保育を担うためのヘルプとして働いてくれるのだろう」というものです。

もちろん、クラスの保育で大変な状況ではヘルプとして入ることもあります。

ですが、当時は「吉田さんが入るなら、保育士が一人、クラスの保育を抜けて別の作業ができる」という、こちらの意図せぬ反応であったり、「吉田さんが入ってくれたら公園に連れて行く人手が増える」といった保育を担うための単なるマンパワーなのだという誤解がありました。

また、保育士が要支援児の支援ができるように心理士としてアセスメントをおこなったり、支援方法を提案したりするはずが、要支援児のための純粋な追加配置（加配）として使われることがありました。

要支援児がパニックを起こした際などは、落ち着いてもらうために心理士が個別にかかわることはよくあります。しかし、特定の園児につく人という役割のみが求められ、その園児のアセスメントをしたとしてもフィードバックまであまり期待されていないのではと感じることが何度かありました。

他にも、京都市が障害児のための保育士の加配の要否を認定する際、行政に雇われた心理士が園まで訪問調査に来てくれるのですが、その存在と同一視され、私が法人の経営企画室に対して保育士の加配を進言するような立場の人間なのだと勘違いされたこともあります。

自分はそのような立場ではないと現場の保育士に伝えたとき、要支援児は加配の先生がみるものだという固定観念をもった保育士からは「じゃあ何をしに来ているのですか？」と逆に問われ、答えに窮した記憶もあります。

いま振り返れば、それだけ従来の保育園は保育士の力のみで要支援児への支援をしながら保育をおこなってきた経緯があったから、少しでも加配の人手がほしいのに、なぜすぐ加配として働いてくれないのか、というような反応が出たのではないかと想像し、先生方の積年の苦労に思いを致すことができます。

でもそのときの私は保育現場の苦労を中途半端にしか知らず、心理士が具体的にどう貢献できるのか、加配保育士の役割とは何が違うのか、十分な説明ができていないままでしたが、そんな状況で急に聞きなれない専門性の人間が保育園に常勤で入ってきたという印象を、保育士に抱かせてしまっていたのだといまは反省しています。

塩谷理事長も各施設長に説明をしたり職員会議で発表したりして、理解を得るための努力をしていましたが、現場レベルまで私の専門性や役割の理解が浸透するには時間が必要でしたし、やはり実際に私の動きをみて納得してもらうほうが有効だったのだろうと思います。

心理士が現場に入り、各クラスの一人ひとりの保育士と協働するなかで、その存在意義を目にみえるかたちで示していくこと。

遠回りのように思えても、この地道なプロセスこそが大事なのだ。

いま感じているのは、産みの苦しみなのだ。

そう自分に言い聞かせ、粘り強く現場に入り続けました。

保育現場での空回り

2019年のみぎわには、当時6施設がありました。

常勤になって、そのすべてを1施設あたり月1回から週1～2回の頻度で巡回するようになりました。

それに伴い「巡回頻度が増える＝観察依頼も増えて忙しくなるだろう」と考えていましたが、現実は増えるどころか、依頼がまったくない日が続くなど開店休業状態でした。

私自身、「観察依頼がないとき、自発的にどう動けばいいのか？」を十分考えられておらず、そんなときどうすればいいのかを保育士に尋ねることもせず、事務所で悶々と依頼待ちの姿勢になってしまう日々を過ごしていました。

待つだけというのは、想像以上につらいものです。

そのつらさに耐えかねて、保育士から何とか依頼を受けようと園児たちの様子を見るためクラスに入るも、タイミングを間違えて朝の会や設定保育の途中でクラスに入ってしまい、園児たちの集中が途切れ、担任の話を聞かず、園児同士で話し始める、室内を動き回るなど逸脱行動を引き起こしていました。

さらに悪いことに、そのことに気づかず次のクラスに移動するも同様のことを引き起こし、結果的にいくつものクラス運営の混乱を招いてしまいました。

保育士からの依頼がない焦りから動こうとするも空回りしてしまい、要支援児の支援を通して保育士をサポートするはずが、かえって自分が園児の興奮刺激となって、保育士の邪魔をしてしまっていたのだと、そのときの自分の行動を苦々しく思い出します。

子どもとの関係構築にも苦労

保育士とだけではなく、子どもとの関係づくりという点でも課題が浮き彫りになってきました。週1～2回、保育園のいろいろなクラスを周遊していた私は、突然クラスに現れるものですから、子どもたちからまるでゲームのレアキャラみたいにめずらしがられていました。これだけならポジティブな印象のように思われるかもしれません。

しかし、めずらしがられることで要支援児を含め、クラスの子どもたちの興奮刺激になってしまっており、保育現場にとってネガティブな影響を及ぼしていました（これは先ほども述べたとおりです）。そのことには薄々気づいていたものの、このときの私は結果を出そうとする焦りから、一度に複数の子どもをアセスメントしようとするあまり、保育室内の隅や部屋の外で多くの子どもを行動観察するスタイルを採っていました。

個々の園児やクラスの状況について十分な知識や経験をもたないまま複数の子どもを観察することで、アセスメントは当然ながら中途半端なものになります。

それに一人ひとりの子どもとのかかわりが疎かになるだけでなく、サポートを最も必要とする子どもが抱えている困りごとが起きた場面や状況を見逃し、支援ができる絶好の機会を失っていました。

クラスに何らかの貢献をせねばという私の焦りはますます募ります。

悪循環というのは続くもので、集団行動が苦手で保育士の声かけに応じない子どもに対して、本来はじっくりとかかわることで子どもの抱えているしんどさに対応し、集団に無理なく戻していくのがよいのですが、当時の私はその子どもにかかわろうとはするものの、その子のしんどさをしっかりと受け止めないまま、集団に戻そうとしていました。そんなかかわりをするので、当然、子どもは私の声かけにはなかなか応じてくれようとはしません。

はたして一体、どうすればいいのか…。私は暗く長いトンネルのなかにいました。

そんなとき、解決の糸口が同僚からもたらされたのです。

参与観察を取り入れることで見えてきた光明

保育士との連携や子どもとの関係づくり、クラスでの立ち位置のすべてで苦労する日々。

そのなかで私が参考にしようと思ったのは、言語聴覚士である塩谷晴代さんの動き方です。塩谷晴代さんは行動観察のような一歩引いた立ち位置ではなく、ふだんから現場の子どもと具体的なかかわりをもっていました。しかも入るクラスも絞っていました。

子どもと遊びのなかで対話を通じ、園児がもつ言葉や聞こえの課題を探ります。そこでの見立てをその場での支援に即つなげて、有効と思われる支援方法を保育士に提案するいわゆる「参与観察」をおこなっていたのです。

その動き方に関して塩谷晴代さんから。

「言語聴覚士がおこなう子どもへの支援（構音訓練や手先の機能訓練など）は毎日実施するのが本来望ましく、週1～2回の巡回だけでは厳しい。だからこそ、保育士に自分の支援方法をやって見せ、自分の巡回日以外の日も同じように支援をおこなってもらえるようにすることを心がけている」と教わりました。

こうした支援の直接性は、保育士が言語聴覚士の専門性や役割をより早期に、より深く知ることに有効に作用していましたし、結果として保育士との連携がすすんでいるのだと私は理解しました。行動観察に加え、とくに入職間もない時期は参与観察を織り交ぜて現場とかかわること。そのことを学んだ機会となりました。

2019年度末、私の心強い仲間の塩谷晴代さんは、医療現場でもっと言語聴覚士としての臨床経験を積み、スキルアップすることが自分にもみぎわにも必要と判断。やがて大学病院での仕事を紹介され、2020年4月からその病院に転職することになりました。

こうして、2020年度からはまた私一人で活動することになります。

保育士との連携や子どもとの関係構築、クラスのなかでの働き方について、塩谷晴代さんから教わったことを、今度は私がしっかり実践していかねばなりません。

午前中は特定クラスでの参与観察を

2020年度に入り、私一人での活動が始まりました。

2019年度の活動について、塩谷理事長や関谷奈月・みぎわ保育園園長らと振り返り、2020年度は行動観察の依頼がない日も午前中は保育現場に入って参与観察をおこなうことにしました。

主に幼児組（みぎわでは3~5歳児は異年齢保育を行っています）の保育に入り、子どもたちとかかわる毎日が始まります。

そのなかで「これはこの子のふだんの行動なのか?」「特定の時間や場面で起きているのか?」「問題行動が起きる前後に何があったか」など気になった点を自分なりにアセスメントし、担当の保育士にフィードバックします。

また、ささいなことでも積極的に保育士と情報共有するようにしました。

要支援児が過度に興奮したときや、嫌な出来事があったため設定保育に参加できない、保育室から出て行ったときなども、積極的に心理士として対応しました。

対応後は、保育士と子どもの行動の背景の説明と対応方法について、自分のかかわりの成功・失敗に関係なく、すべて共有しました。

このようにして私は徐々に参与観察のスタイルを身につけていきました。参与観察を通じて、保育士と共通の話題である子どもの支援に関する話の幅は広がり、多職種間の円滑なコミュニケーションが促進されてきたのだと、いまふりかえって感じます。

午後は他クラスの子どもの様子を聞きに行く

午後は、午前に入ったクラスで観察した子どもの記録作成や保育士との振り返りをするだけでなく、別のクラスの子どもの様子を保育士に聞きに行きました。

そこでは前回観察した子どもに最近気になる行動は出ていないか、他の子どもで気になる様子はないかを確認します。そこでの情報をもとに今後の対応方法の提案をおこなったり、保育士の依頼を受けたうえで次回の観察に入るようにしました。

はじめはまず頻繁に入るクラスを一つに絞り、そこから午後の時間の余力を使って他クラスにもアプローチし、保育士からの要請を受けて別のクラスにも入るというステップを踏んだのも、私にとってはよかったのだと思います。

保育士から学ぼうという姿勢を徹底

私には心理・発達の専門知識があっても現場での子どもとのかかわりに関しては素人であることを素直に認め、保育士から学ぶことを改めて心がけました。

クラスに入ったあとは、子どもとのかかわりでうまくいかなかったことがたくさん出てきます。そのつど、正面からその担当の保育士に相談すると「子どもと遊び込むことの大切さ」「子どもを監視するのではなく遊びながら見守るにはどういう視点・テクニックが必要か」「子どもが成長した瞬間を保育士はどうやって見極めるか」など、数えればきりがないほどの学びを得られることに気づいたのです。

日々の保育での私の子どもへのかかわり方について、気になることがあれば指摘してほしいとお願いすると、保育士からも「この場面ではこういう対応がよかったのでは」というような本音の意見が出てくるようになりました。

そうやって日々過ごしていると、今度は保育士の側から「私たちがおこなっている子どもへのかかわり方や要支援児の支援方法は正しいのか。それにはどのような効果があるのか。他にもっといい方法があるのか教えてほしい」と質問される機会が目に見えて増えてきました。

こうしたリクエストを受けたら、心理士としてはその人のクラスに入り、保育現場でどんなかかわりがなされているのか見たくなります。そこで実際に現場を見て、その保育士の対応は心理学の知見から根拠があるものだと判断できることも多くありました。

まだそのことを現場の保育士にはすぐフィードバックできていませんでしたが、ある日保育士から「経験のある保育士のなかには、これまでの体験上、有効だった対応を感覚でおこなえている人が多いけど、でもなんでそれに効果があるのか言葉にできないことがいっぱいある。そんなときに心理面で専門的な根拠があるとお墨付きをもらえたら、これまで以上に自信をもって子どもに対応できると思う」という意見が出てきました。

2019年2月以降は、そうした声にしっかり応えるべく、経験ある保育士のノウハウをそれがうまくいく理由つきで言葉にしていくよう心がけるようになりました。

また他にも、「子どもの行動観察の結果を共有してもらうのもありがたいけど、自分たちがおこなっている保育自体がその子に合っているのか、他にもっと望ましい保育の方法があるのかもアドバイスしてほしい」というご希望をいただきました。

こうしたやりとりを重ねていくうちに、保育士のみなさんからの信頼も得られるようになってきて、徐々に連携がとりやすくなっていったと感じています。

ようやく子どもたちとの関係ができてきた

毎日保育現場に入ることで、子どもたちの反応にも変化が出てきました。

これまではレアキャラのような扱いで、子どもたちの興奮刺激になっていた私でしたが、半年もしないうちに見慣れた存在になってきたほか、私のクラスへの入り方も改善されてきたため、保育に入っても子どもたちが騒ぐようなことはなくなっていきました。

子どもが遊んでいるとき見守りに徹していると、「ねえ、いっしょに遊ぼうよ」と誘われることはこれまでもよくありましたが、「先生は太ってるんやから、ちゃんと動きなさい」といままでとは違う角度からの子どもの誘い方（少し傷つきますが…）が出てきました。

この誘いに応じて遊びに入り、私自身が率先して遊びに熱中して、ときにふざけると「何してんの？　それ、やったらあかんやん」と子どもから冷静に注意されるという、これまでなかった場面もありました。

設定保育の遊びが終わって園児といっしょに給食を食べるとき、私が早く食べ終わるとある子どもから「早い。よく噛んで食べなさい」「食べすぎると太るで」と諭されます。あまりに大人のような声かけに思わず私は「ごめんなさい」と言ってしまい、「いやはや、どっちが大人なのか…」と思ったのと同時に、これまでの子どもたちとのぎこちない距離感や関係性が確実に変わってきたことに喜びを覚えている自分がいました。

このかかわりだけを見ると、子どもたちと単になれ合いをしているだけのような印象を抱くかもしれません。しかしそうではなく、私からするとやっと子どもたちのなかに私に対する理解や安心感が芽生えてきたと感じたのです。そのことで子どもから信頼が得られ、他害行為や不適切な行為に対して注意したり、じっくり話をするときも、子どもは私の話をきちんと聞いてくれるようになりました。

ここまでくると子どもたちはふだんの飾らない姿を見せてくれるため、より詳細なアセスメントがおこなえるだけでなく、「これはいけるかな」と思う自分なりの支援方法をその場で実践し、そのあと保育士に有効なかかわり方の一つとしてそれをフィードバックできる確率が高まります。

私はけっこうな頻度でクラスを訪問し、子どもたちとの関係もできてきていましたが、クラスのなかで担任という立場ではありません。

そうした**絶妙な立ち位置（近すぎず、遠すぎず）こそ、保育園心理士としての立ち位置にふさわしい**と感じ、以来、子どもたちにとって私は「先生」というより「保育園にいる気のいいおじさん」と思われるくらいの気軽な存在をめざそうと考えています。

保護者にも受け入れられはじめた

保育士との連携がうまくいきはじめた2020年度後半から、保育士の案内と推薦により保護者からの相談が徐々に増えていきました。

はじめはお迎えの時間帯に私がロビーにいる際、保護者から立ち話レベルで子どもの発達に関する質問や相談が寄せられるようになってくるというところからはじまりました。

ここで用語の定義を確認しておくと、お迎え時の立ち話の相談を「窓口相談」、別室でじっくりおこなう保護者面談を「個別面談」とみぎわでは分けて考えています。

窓口相談は5～10分くらいの時間で終わる内容がほとんどですが、気軽にできるメリットから個別面談よりも頻度が多くなったのだと思われます。

保護者にとって個別面談を希望する場合、仕事を休んだり早めに退勤する必要があり、スケジュール調整が必要になるほか、どの程度の悩みで相談してよいのか悩ましいなど、心理的ハードルが高いのでしょう。

他方でお迎えの際の窓口相談なら、「ふと気になったこと」でもカジュアルに相談できることからニーズが多いのだと捉えています。

窓口相談を受けるようになってからは、夕方のお迎えの時間帯になるとできるかぎり私はロビーや玄関付近を歩きまわって、降園していく園児や保護者に挨拶したり、事務作業をしながら相談を受けやすい雰囲気をつくることを心がけるようになりました。

もちろん相談内容によっては個別面談で詳しく聞いたほうがよい内容もあるため、そのときは保護者に個別面談を提案します。

窓口相談がよい入り口となって個別面談の頻度も上がり、保育士による案内や推薦ルートだけでなく、保護者から心理士に直接依頼が来るようにもなりました。

相談内容は子どもの発達に関すること以外にも、「ご自身の仕事のこと」「家族のこと」「知り合いのこと」など多岐にわたります。

心理士として私は保護者の困りごとを整理し解決の手立てをいっしょに考え、保育園だけでは対応が難しいケースではその相談内容に応じて専門的な施設や機関をご案内しています。

保育園は子どもだけでなく保護者も支援する施設です。

保護者の気持ちの安定が子どもの健やかな成長に密接につながるため、これは重要な支援ですし、心理士の得意分野でもあります。

2020年度の卒園式のとき、卒園する子どもの保護者から

「最初は相談しようか悩んでいたが、私は相談してみてほんとうによかった。心理士の先生がせっ

かく園内にいるのに相談する機会がどこにあるのかわからない、相談してもいい人だろうかと保護者が迷うような状況はもったいない。これからもどんどん他の保護者の相談にのって助けになっていってほしい」

と叱咤激励を受けたことがいまも心に残っており、2023年現在も窓口相談と個別面談を私の本来業務として積極的に行っています。

藤原心理士の指導に助けられて

2019年から藤原心理士にスーパーバイザーとして、月1回、みぎわの各施設に来てもらっており、午前中は要支援児の観察、午後は担任保育士とともに藤原心理士のフィードバックを受けていました。

とくに要支援児の問題行動の背景を園児だけの課題として捉えず、その園児が過ごす環境を調整することで園児の問題行動の軽減を図ること。

問題行動にこちらが過剰に反応すると、その子にとってはこちらの反応が報酬になり、問題行動が強化されてしまうこと。

問題行動が出ていないときや望ましい行動があったときは即座にほめ、望ましい行動を強化していく機会にすること。

そうした心理学の専門性に基づく、実際の現場で非常に有効な支援方法を私はたくさん教わっていました。


指導も多く受けました。

たとえば散歩中に抱っこを求めた要支援児に対して、私が「ここまで来たら抱っこします」と言って、実際にその地点まで来られたときがありました。

そのときの私は「なら、もっと頑張れる」と考え、その子を抱っこせずに歩く距離を伸ばそうとしたのですが、その判断に対して「支援では欲張ってはいけない。うまくいったところで切り上げるのも大切。欲張ると失敗体験で終わってしまい、次につながりにくくなる。一歩一歩、焦らずにいこう」と支援するうえでの基本的な姿勢を思い出させてくれるような、あたたかくも内容は厳しい指摘を受けました。


他にも、保育士や保護者との適切な距離のとり方や次につながる連携方法についてのアドバイスもいただいたり、個別支援計画を保育士が共有しやすいように使いやすいフォーマットに改訂していただくなど、多種多様なサポートを受けていました。

月1回しかスーパービジョンの機会がなかったにもかかわらず、それはとても濃密で充実したものでした。

藤原心理士の多面的なアセスメントの考え方や豊富な支援方法の引き出しは、私にとって何よりの生きた教材であり、藤原心理士という頼れる存在がいたからここまで来ることができたのだといっても過言ではありません。

心理士一人体制で感じていた限界

これまで述べてきたように、私は心理士としての保育園内での動き方を改め、それを日々実践していくなかで徐々に子どもたちとの関係が構築されてきました。そして保育士からの心理士への理解が深まり、仲間として少しずつ受け入れてもらえるようになりました。

塩谷晴代さんのスタイルに学んだことや藤原心理士の指導を受けたことが、間違いなく物事が好転するきっかけになったと思います。

その結果、2020年度後半からは保育士からの観察依頼や保護者面談の機会が、みぎわ保育園だけでなくみぎわの系列園でも増えてきました。

ある施設の保育士の口コミにより、みぎわの他園の保育士にうまくいった私の支援方法が伝わっており、その園にもぜひ来てほしいとお願いされる機会が出てきたのです。私が練りに練って考えた園児への支援方法が、みぎわ全体の保育士間で共有されていたことに驚くとともに、努力すれば誰かが見てくれていることを実感したものです。

これらは明らかに望ましい変化なのですが、一方で観察依頼がどんどん増えていくことにより、私一人が抱えきれるキャパの限界も近づいていきました。

なにしろみぎわには6つも施設があったのです（今は7つ）。

「こんなに求められるなんて心理士冥利に尽きる！」と多くの施設を巡回していたのですが、やはりキャパオーバーの歪みは少しずつ出てきました。

たとえば、

①　施設間で巡回頻度に偏りが生じてきた
②　巡回頻度が多い施設でも、クラスや子どもによって観察頻度や支援の濃度にも偏りが生じてきた
③　支援している子どもの成長に伴い、困りごともどんどん変化していくので、当時の自分の経験値では効果的な支援に至らないケースが増えてきた
④　現場での活動に比重を置かざるをえず、障害児保育プロジェクトの普及に向けた資料作成などの取り組みとの両立が難しくなってきた

というように。

心理士が保育園に少しずつ受け入れられつつある。

そんないい流れになってきたと感じている。

でも心理士1人体制では限界が見えてきて、自分だけではすべて対応しきれない。

どこかに同じ想いを共有できる心理士がいないものか。

いま自分が心血注いで取り組んでいる障害児保育プロジェクトに加わって、手伝ってくれないものか。


そんな悩みを抱いていたところ、2020年11月にビッグニュースが私のもとに舞い込んできました。

これまで私のスーパーバイザーとして支えてくださっていた藤原心理士が、2021年4月から2人目の常勤職員としてみぎわへの入職を決意したというのです。

私が心から尊敬し、いつも頼りにしていた藤原心理士がみぎわに来てくれる。これからは毎日いっしょに働ける。

こんな心強いことはありません。

そして藤原心理士の入職により、障害児保育プロジェクトが一気に加速していきます。

みぎわ座談会

心理士と保育士との連携が始まった瞬間

塩谷　索（顧問）
関谷　奈月（理事長兼みぎわ保育園園長）
吉田かける（心理・リハビリチーム副主任）
藤原　朝洋（心理・リハビリチーム主任）

心理士がはじめて保育室に入った日

塩谷　今日は、みぎわにはじめて吉田かけるさんが来たときのことを思い返しながら、心理士と保育士との連携がどのようにして始まったかを振り返りたいと思います。外部の心理士の方に巡回相談でお越しいただくということは以前に何度もありましたが、内部人材として心理の専門家がやってきたのははじめてでした。まずは吉田さんから、その当時のことを話していただけますか？

吉田　私は2018年5月から約1年間、毎週土曜日にみぎわ保育園に出勤していました。まずは保育現場の実情を知って、そのうえで心理の専門家としてどんな貢献ができるのかをじっくり見極めたいと思っていました。もちろんお給料をいただいている以上、保育現場のことを勉強するだけではなく、発達支援面で何らかの貢献を早い段階でできるようにならないというプレッシャーもありました。

塩谷　平日は病院で常勤職員として勤務しながら、土曜日は保育園で現場に出るというのは大変だったと思います。はじめはどのように保育現場に入っていたのでしょうか？

吉田　みぎわ保育園には0歳児から5歳児まで170名近い園児が在籍していて、クラスも7つあるので、全クラスの現場を訪問して子どもの様子を観察することからはじめました。でも、最初はなかなかうまくクラスに入ることができず、子どもにも保育士の先生方にもご迷惑をおかけすることになってしまったと反省しています。

塩谷　はじめにクラスに入ったときどんな苦労があったのですか？

吉田　まずは、子どもたちにとって自分が興奮刺激になってしまって、「めずらしい人が来た！」と大騒ぎになったのです。1回目だけではなくて、2回目も3回目も同じような反応でした。事前にクラスの担任と話し合ってあらかじめ園児に自分を紹介してもらうだとか、クラスのなかでどんな立ち位置でふるまうかとか、もっと準備しておけばよかったと後悔しています。それと、最初からいろんなクラスに入りすぎず、入るクラスを絞って、そこで子どもたちとの関係をつくってから、次のクラスに移るようにすればよかったという反省もあります。

保育室にいてもぎこちなさがあった

関谷　その点についてですが、新人保育士でもはじめから子どもたちになじめるわけではないので、ある程度は仕方ないと思いますよ。子どもたちとの関係づくりという観点では、園児が吉田さんを見て騒がなくなってきたのは半年後くらいだったかと思います。毎週顔を合わせるようになって、「ああ、この人はいつもいる存在なんだ」と子どもたちが理解するまで、それくらいの時間は必要なのです。

吉田　たしかに半年くらいかかった記憶があります。子どもに受け入れられてからはクラスに入りやすくなりましたね。

関谷　子どもとの関係を構築してもらうことも大切ですが、クラスの保育士との連携が重要です。保育士との連携については、なかなかスムーズにいっていなかった印象です。保育士側も、どうやって心理の専門家の方に保育現場に入っていただいたらいいのかわかっていませんでした。あのころは吉田さんが保育室にいても、どこかぎこちなさがありました。吉田さんが保育現場で何をできるか、何をお願いしていいかまだわからなかったので、「この人をどう活用すればいいんだろう」と保育士も葛藤していたのです。

吉田　そのぎこちなさは自覚していました。クラスに入っても、クラス全体の様子を観察す

関谷奈月（理事長 兼 みぎわ保育園園長）

るのか、気になる園児を重点的に観察するのか、焦点を絞れずにいました。観察の方法にしても、一歩引いた立場で客観的に行動観察をするのがいいのか、子どもとかかわりながらより密に参与観察するのがいいのか、迷いがありました。だからクラスのなかでの立ち位置も、子どもとのかかわり方も中途半端なものになってしまっていたのだと思います。

関谷　保育士からは「もう少し子どもとかかわって関係づくりをしてほしい」という声がけっこうありましたね。吉田さんの専門性がまだわからないなか、保育室に入るなら保育面で貢献してほしいという声もあり、単なる人手として使おうとしてしまっていたところもあります。いま思うと、もったいないことですが。

言語聴覚士の塩谷晴代先生は、子どもの興味がありそうな遊びを準備して、その子と直接かかわりながら発達段階を見極めたり、遊びのなかで機能訓練をおこなったりというスタンスで動いていたので、そのイメージもあって、心理士だって子どもとかかわって関係をつくらないと、と思っていたのかもしれません。

心理士は子どもとの関係性を前提としない支援もできる

藤原　いまの話は重要なポイントを秘めていると思うので、僕からもコメントさせてください。心理士ができる支援には、相手との関係性があっておこなえるものと、そうでないものとがあると思います。その場限りというか、ストレンジャーというか、一歩引いた立場でふだんの子どもたちや集団全体の様子、集団のなかでの子どもの様子を観察することも大切だし、それは子どもとの関係性ができていなくてもできることです。

関谷　確かにそうですね。

藤原　他方で、その子どもの能力を確認したい場合は、直接、その子とかかわる参与観察が向いています。たとえば、「さっき先生はなんて言ってたの?」とか「このあとどこに行くの?」など、子どもの理解の度合いを確かめたり、「先生といっしょにこれをしてみようか」とか「こういう遊びはどう?」などと提案して、子どもがどこまでできるか見たり、そうした参与観察も重要です。

　行動観察で気になったところを参与観察でじっくり見ていくというようにできれば理想でしょうね。いずれにしても、子どもとの関係性を土台としなくてもできる支援はあるというのが、保育と心理との違いの一つかもしれません。

吉田　いま藤原先生がまとめてくださったおかげで、あらためて当時の自分の課題がわかるのですが、何を目的として、どんなスタンスで支援をするか、そこが不明確でした。しかも、全クラスの子どもを見ようと意気込みすぎていたところもあり、一つのクラスに必要な時間をちゃんと割かないまま、いろんなクラスをあちこち回ってしまっていました。

藤原　頑張りすぎていたんですね。いまなら一日2~3人、ひとクラスでもしっかり見られたらOKというようなスタンダードがありますけど、当時はそこも手探りでしたもんね。

心理士にとって、はじめて保育士のお客さんが来てくれた

塩谷　パイオニアとしての吉田さんの苦労が

よくわかります。さて、保育士との連携という点に話を戻すと、はじめに吉田さんと連携を図りはじめたのは誰でしたか？

関谷　私です。私がはじめはヘビーユーザーとして吉田さんにあれこれ相談をしていました。「あの子がああいう行動をとっているとき、すぐに声をかけてしまったけど、それでよかったのだろうか、もうちょっと見守って遊ばせてあげたほうがよかっただろうか」とか、私も日々の保育のなかでいまだに悩みや迷いが尽きません。そんなとき吉田さんに質問して、すぐ納得のいく答えが返ってくるのが頼もしく、また自分の勉強にもなったので、彼にはよく話しかけていましたね。

塩谷　ほかの保育士のみなさんはどうだったでしょう？

関谷　私の次に吉田さんを使い始めたのも、やはりベテランでしたね。ベテランは保育経験が豊富なので、自分の経験則や感覚で子どもに適切な対応をとれる場合が多いのですが、それでもやっぱり不安はあります。自分の対応でいいのか、自分がやってきたことが間違っていなかっただろうか、他のかかわり方があるんじゃないだろうか、とかいろいろ考えるわけです。そんなとき身近に心理士がいて相談できるということの価値に、若手以上に早く気づいたのがベテランでした。

心理士の評判は保育士の口コミで広がった

吉田　関谷先生が自分をうまく使ってくださったと思います。関谷先生が私と話をしている様子をみて、ベテランの方からも声がかかるようになりましたし。それに、保育上の相談を若手の保育士から受けた関谷先生が、「その内容やったら吉田さんに聞いてみ！」と私のプロモーションもしてくださったと感謝しています。

関谷　2019年は私が吉田さんと話し合って、どのクラスに入りたいか、どの子をみたいかなど意見を聞いて、その日の動きを決めていました。でも2020年になったら、若手を含めてクラスの保育士から「次はうちのクラスに入って、この子を見てほしい」という直接のオーダーが入るようになってきていました。

塩谷　なるほど。まずは心理士の価値に気づいて使ってくれる関谷先生というユーザーがいて、そこから徐々に広がっていった様子がわかります。ここで関谷先生にお聞きしたいのですが、保育士として、どんな心理士に来てほしいというような条件はありますか？

関谷　保育士の頑張りを認め、勇気づけてくれるような人がいいです。先生の子どもへのかかわりのいいところを発見し、認めてくれる。そのうえで「こんなかかわり方もありますよ」とアドバイスをくれると、スムーズに受け取れると思います。

心理士のアドバイスを受けて、いままで取り組んでこなかった新たな環境設定やクラス運営の手法などにチャレンジすることもあります。それが短期的には保育士の負担になることもありますけれど、それでもやってみよう、あの先生が言ってくれたのだから、と思わせられるような保育士へのあたたかい支援を心理士の先生にはお願いしたいと思います。

藤原　それは僕も気をつけているところです。いろいろアドバイスをして、新しく取り組んでもらうこともありますが、あまり負荷をかけすぎないようにという配慮を心がけています。アドバイスをするときに優先順位をつけ、根拠をもってわかりやすく話すことが大切で、そうすれば保育現場にとって、まず何から着手すればいいのか明確になり、取り組みやすくなると思います。

たとえば、言葉が出ていない園児がいるとして、その子の言語獲得に向けた支援をしたいと考えたとしても、発語の前段階である人への興味関心がまだあまり見られないようなら、「まず人に興味をもってもらえるようなアプローチからはじめましょう。それにはこんなかかわりや遊びが有効なので、そこから取り組んでみましょうか」というように、スモールステップでアドバイスをします。

そうやって話し合うなかで、その時期の子どもにとって効果的な遊びのアイデアがどんどん保育士の先生から出てくるし、そういう経験を積み重ねることで保育士のみなさんの発達理解も深まり、保育の質が向上していくのだと思っています。

関谷　心理士のアドバイスを受けて新しい取り組みをするときは、より手厚くクラスに人を配置する必要があるときもあります。そんなときにクラス内のメンバーだけで頑張ろうとするのではなく、クラス間での人繰りを工夫するなど園全体での協力が欠かせません。園児の個別支援計画やクラスでの合理的配慮について議論を交わす「支援会議」には、園長や保育主任なども入っていますし、そうした調整もしやすいと思っています。

＊支援会議の有効性については124ページ参照。

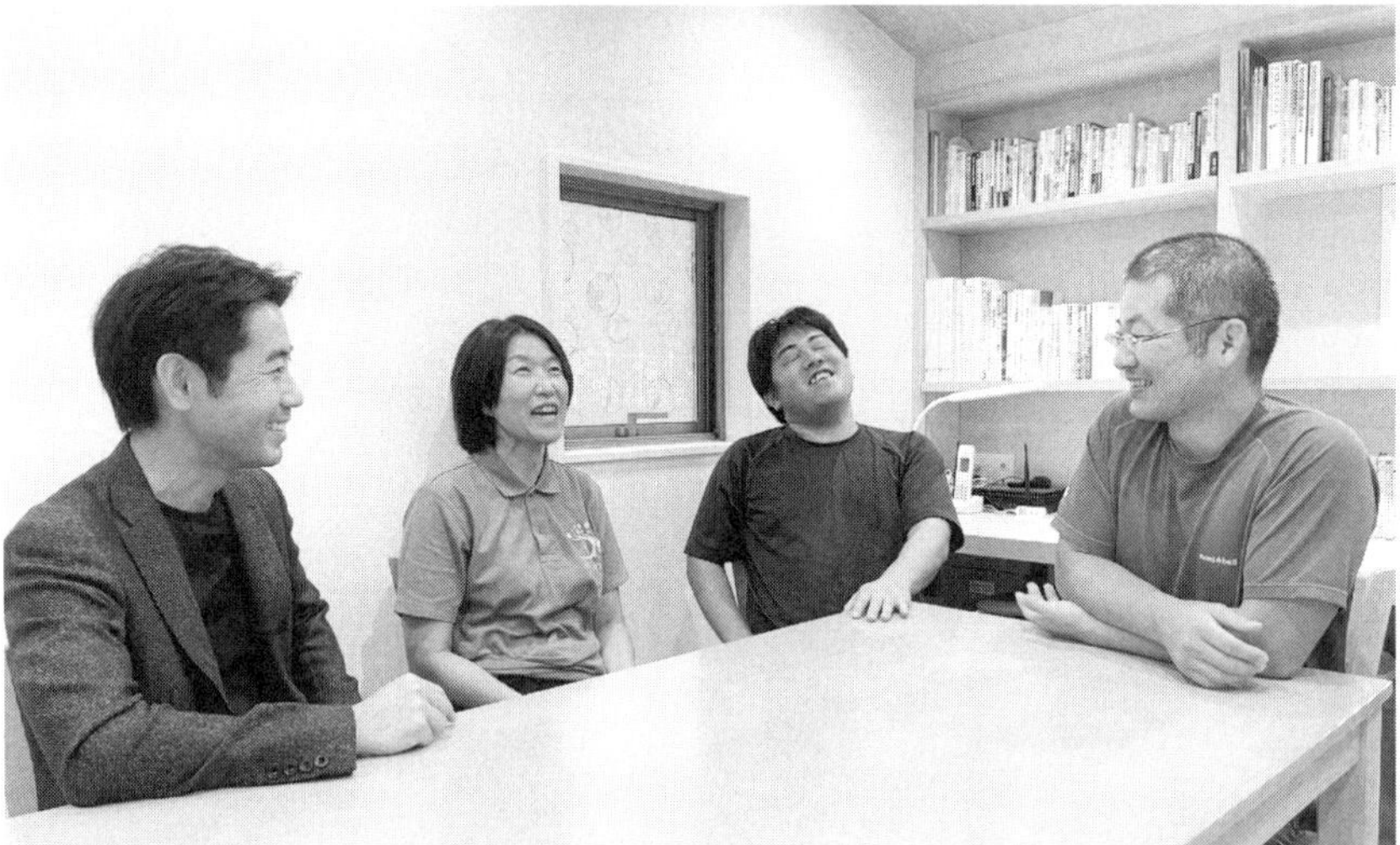

左から塩谷顧問、関谷理事長、吉田心理士、藤原心理士

COLUMN 1

言語聴覚士が保育園の子どもたちにできること

言語聴覚士　塩谷　晴代

子育てをしていると、子どもの成長を実感し喜ぶこともあれば、順調に成長しているのか不安になることもあると思います。

そんなとき、保護者や子どもの支えとなるのは、子育ての喜びや不安を共有しながら、子どもの健やかな発達を促していく人の存在ではないでしょうか。

それが、みぎわにおいては保育士、放課後児童支援員、栄養士、看護師、心理士、作業療法士、言語聴覚士にあたります。

近年、発達支援が注目されるようになり、関係施設間での連携が少しずつとれるようになってきてはいますが、これらの関連職種が保育園や学童クラブでともに活動している例は多くありません。

同一法人に多職種が在籍して協働する強みは、多角的に子どもの発達を捉えることができること、そして、子どもにかかわる職員全員が必要な情報を把握し、求められる支援をつくりあげていけることです。そのような支援を実践していくことで、子どもたちの健やかな成長を支えていきます。

さて、子育て支援現場での言語聴覚士の主な担当領域は次の４つです。

（１）言語発達
（２）構音発達
（３）吃音

（4）難聴

子どもの状態を評価して有効な支援をおこなっていくとともに、支援のポイントを保護者の方や職員とも共有し、同じ方向性のかかわりを、その人たちが実践していけるような手助けをしていきます。

ここでは「（1）言語発達」を例として、保育現場で言語聴覚士の専門性がどう活かされうるのかを説明しましょう。

ことばの専門家として、子どもの言語発達をどう支えるか

ことばの発達には、①認知発達、②対人関係の発達、③象徴機能の発達の3つが大きく関与していると言われています。

言語聴覚士の塩谷晴代先生

COLUMN

まず「**①認知発達**」では、スイスの心理学者ピアジェが唱えた発達段階説が一般的に取りあげられることが多く、ことばの獲得には感覚運動期第6段階までの発達が必要だと言われています。具体的には、手段―目的関係（紐を引いておもちゃを取るなど）、物の永続性（目の前から見えなくなったものが、どこにあるのかイメージする）、物を見立てて遊ぶ象徴遊び、前に経験したことをしばらくしてから真似る延滞模倣などです。

次に、「**②対人関係の発達**」では、共同注意や三項関係の成立が重要な役割を果たします。これを基盤として、他者と物を介したやりとりが少しずつできるようになります。これがコミュニケーションの土台となります。つまり、他者認知がこの過程ですすんでいくことが重要です。他者を観察し、他者の行動を自分の身に置き換えて再現する動作模倣もことばの発達において重要ですが、これも他者認知なくしてはありえません。注意を向ける、記憶しておく、といった力も必要です。

三項関係が成立すると、おもちゃを他者に見せたり、渡したりする行動に加えて、指差しも見られるようになります。指差しは言語発達において重要なポイントです。指差しが出ることの背景には、他者に伝えたいという意図に加えて、指すものと指されるものとの関係の理解があるということです。これが、ことば（音のつながり）と対象（意味）を結びつけていく力につながります。

初語が出て、ことばが増えていく過程においては、「**③象徴機能の発達**」が重要です。象徴機能とは、現実にないものごとを他のものに置き換えて表現する働きのこと。おままごとやごっこ遊びをするなかで、子どもたちの遊び方は成長とともにどんどん変化していきます。ふり遊びから見立て遊び、操作の対象が自分から他人や人形に移行したり、系列をなした遊びができたりするようになっていきます。これらが、1歳半以降での語彙の爆発的増加や文法発達の支えになっていると言われています。

このように、ことばの発達を支える基盤が現状どのように育っているか、ふだんの遊びの様子や他者とのかかわりから把握することが、支援を考えるうえでは重要です。

そのなかで見えてきた「これから伸ばしていきたいところ」に対して、子どもが楽しいと思えることや好きなことに寄り添いながら働きかけていくと有効です。

二項関係が強く、対人関係の弱い子であれば、その子の好きな遊びをいっしょにしながら、その子の気持ちを共有していく(他者と気持ちを共有する体験を重ねていく)。そこから、他者認知を広げ、ことばかけを通して、ことばを使ったコミュニケーションを促していく、といった具合に支援していきます。

認知の発達に弱さがある子であれば、その子の好きなものや事柄を遊びに取り入れながら認知発達を促していきます。

聞く力が弱い子では、発することばがわかりづらいこともあります。音を意識する遊びを取り入れることで、音韻理解を促し、ことばが明瞭になっていくこともあります。

理解語彙は多くても表出語彙が少ない子であれば、ことばを表出することで楽しい経験ができるという場をつくり、表出を促していくこともあります。

子どもによって課題はさまざまです。

一人ひとりに対して、どのような支援が必要なのかを考えるうえでは、やはりその状態をしっかり評価し、理解することが何よりも大切です。

「ことばがゆっくり」という表層的な評価にとどまることなく、そこを掘り下げ、「どの程度ゆっくりなのか、それはなぜなのか」を考えること。そのうえで子どもの目線に立って発達を支えていくこと。その子のペースに合わせ、無理なく成長を促していけるような支援をおこなっていくことが子どもの健やかな成長には欠かせません。

子どもが楽しい、自発的にやりたいと思えるものが何かを考えながら、これからも支援のお役に立てればと願っています。

Part 3

保育園心理士の基本姿勢と専門性の活かし方

心理士　藤原　朝洋

Chapter 1

大学教員から保育園心理士へ

大学の同級生から誘われて出会ったみぎわ

私とみぎわとの出会いは、２０１９年春のこと。

大学の同級生であった佐々木隆吏からの突然の依頼から始まりました。佐々木はみぎわの評議員として法人の活動をサポートしていて「うちの法人が障害児保育の取り組みを促進していくから手伝ってほしい」というのが、依頼の概要でした。

その後、塩谷理事長（当時）からも話をうかがい、２０１９年8月からみぎわの評議員として、また月に一度の非常勤心理士として、障害児保育プロジェクトのお手伝いをすることになりました。

当時の私は大学で心理学を教える教員として働いており、専門は学生支援と障害者支援。幼児を対象とした支援は、大学院時代に個別療育や集団療育、非常勤心理士（3歳児健診や就学相談での

藤原心理士

検査担当者）で多少経験がある程度でした。

そのため「私が引き受けるのが適切なのか、乳幼児を専門とする他の心理士を紹介したほうがよいのではないか」という一抹の不安もありました。それでも依頼を引き受けたのは、佐々木とは大学時代からの深い付き合いがあったこと、保育園での心理支援にかかわることで心理士としての経験の幅が広がりそうだと考えたこと、そして何より、保育園での心理士の常勤雇用（吉田かける）はこれまで聞いたことがなく、純粋に面白そうだと興味をもったことが理由でした。

みぎわで働くという決断、そして私の目標

2019年8月から、私はみぎわの評議員となりました。またそれと並行して、月1回のスーパーバイザーにもなり、みぎわの各施設を巡回したり、吉田かけるの指導をおこなったりしていました。

当初は、あくまでも外部アドバイザーとして活動していましたので、2020年の秋ごろに「大学を辞めるので常勤職員としてみぎわで雇ってほしい」と塩谷理事長に打診した際にはさすがに本人は驚いた様子でしたが、すぐに笑顔で「ぜひいっしょに働きたい」と快諾してくれました。

この経緯としては、評議員の佐々木から「索さん（塩谷理事長）は朝洋（私）にみぎわに来てほ

しいって言っている。どうする？」と提案があり、それに応じたというシンプルなものでした。もちろん大学を辞めるにあたって、個人的な葛藤はもちろんありました。学部生のころから研究職をめざし、大学院のつらくも充実した期間を経て、ようやく目標であった大学教員のポストを得たわけです。ここでそのレールから外れてしまうことが自分の人生において正しいのかどうか、自身に問うわけですが、答えは出ませんでした。

しかし、答えが出ないのは、どちらも同程度に価値がある選択だからなのだと考えを切り替え、「であればより面白いほうを」とみぎわで働くことを決意しました。

みぎわの取り組みは、私にとって「とても面白そう」に見えました。

保育園と心理士との接点は、巡回相談や保育所等訪問支援といった外部から心理士が巡回してくる場面に限られており、常勤で心理士が保育園内で働くというケースを少なくとも私は、それまで聞いたことがありませんでした。

そういった業界の慣例を打ち破るかのように、みぎわでは心理士を常勤で雇用し、保育現場での働き方をこれからつくろうとしていました。この取り組みが全国の保育園のモデルケースとなるのではないかという社会的意義と、新たなモデルづくりに関われることの魅力を感じました。

またこの時期は、最初に雇用された心理士の吉田さんがまさに孤軍奮闘しているような状況でした。しかし、この新たな取り組みをかたちにするには、一人の心理士では負担も大きく、また時間もかかります。

ならば私も参加して、吉田を手伝えばいい（面白そうなことだから、吉田一人でやるのはズルいという気持ちもありました）。

そういったいろんな想いを抱え、私のみぎわでの仕事がスタートします。

取り組むからには全国普及をめざす

入職当初は「5年後にテレビの某ドキュメンタリー番組に出演する」「30年後に保育の教科書に載る」といったことを目標として語っていました。冗談ではありましたが、とはいえ8割くらいは本気でもあり、「それほどの規模のプロジェクトに取り組むのだ」という意気込みがあっての発言です。

私たちの取り組みをみぎわだけのものにすることなく、全国に広がるようなモデルとする必要があります。そうなってほしいと強く願っていますし、塩谷理事長も同じことを最初から力説していました。

そのためには、特別な人間だからできる、特別な保育園だからできる取り組みに終わってはいけない。

導入するうえでの現場の負担は最小限にしなければいけない。

そして、まずはみぎわで成功事例を築き、他園にも参考にできるようにわかりやすく言語化・汎用化しなければいけない。


そういった想いで、いまも毎日を過ごしています。

Chapter 2

保育園心理士の基本姿勢

「心理士の正しさ」を押しつけない

私は大学で教員として教育や研究に従事する一方、障害学生支援コーディネーターとしても仕事をしていました。

コーディネーターは、大学に在籍する障害のある学生の合理的配慮を考えるのが仕事です。大学における合理的配慮とは、障害のある学生が、そうでない学生と同様に大学生活を送るために必要な配慮（変更や調整）のことです。

その仕事に取り組むなかでは、これまで前例がない配慮を大学内で定着させていくことも多くありました。そういったケースでは、教職員や周囲の学生の理解を得られるように動くなど、コミュニティのなかでの調整が求められます。

どのような支援を提供すべきか。

その方針は、対象となる利用者を正しく理解することができれば、ある程度は見えてくるように思います。

ただし、それを実現するプロセスに難しさを感じることが多くありました。


保育園での障害児支援と大学での合理的配慮には共通点があります。それは、直接支援や配慮を提供するのは保育士や大学教職員であり、心理士はその調整をすることが多いということです。

保育園でも大学でも大切なのは「**心理士の正しさを押しつけない**」こと。

心理士の立場から「こうすべき」と提案するのは簡単です。そうではなく、そのコミュニティでどのようにアプローチすべきか、どのようなアプローチなら実現可能かは、直接支援や配慮を提供する保育士や教職員との対話を通じて見つけなくてはなりません。

一方的にこうすべきと提案したところで、うまくいくことは少ないでしょう。

対話の中で合意を形成していくというプロセスこそが大事だと私は考えています。


障害児保育にせよ、合理的配慮にせよ、従来のやり方を新しいやり方に変えていく道のりには、多くの困難が立ちはだかります。

何かを変えることには労力を要しますし、変化の必要性を職員に理解してもらえなければ、それに対する不満も生まれてきます。また、個人的な感情や組織内の対立なども変化を阻害する要因となりかねません。

こうした困難を前にして、愚痴を言うのは簡単です。でもそうではなく、コミュニティが変化を受け入れ成長していくように、粘り強くさまざまなアプローチを試みていくことこそが心理士の役割であり、プロとして望ましい態度だと考えています。

組織が変わるためにそういった困難が伴うからこそ、心理士の存在や専門性が必要とされる余地があるのです。

常勤の心理士が内部にいることのメリット

心理士を常勤で雇用することの主なメリットは「継続性」「柔軟性」、そして「気軽さ」です。どういったものか、これから説明していきます。

外部の心理士の巡回は、それが巡回相談であれば年に2~3回、保育所等訪問支援であれば月1回程度が通常です。訪問する担当者の変更も当然あります。

一方で常勤であれば、「**継続性**」をもって同じ心理士が比較的高い頻度で子どもの様子を観察し、必要な助言等の対応をとることができます。

また、日々の保育のなかでは、スケジュールに予定されていることだけでなく、雑多な、その時々の現場のニーズが生じます（対象児に適した設定保育を考えることや、環境整備について助言すること、保護者面談に同席すること、合理的配慮について考えることなどのように）。

たとえば、対象となる子どもに関連するトラブルが起きた際も、常勤心理士の巡回スケジュールの変更等により**「柔軟性」**をもった対応をすることができます。

そして、これはみぎわの特殊要因であるかもしれませんが、提携する法人外の他園の要請に応じて心理士を派遣することもあります。保育の年間指導計画を見直す保育士主体の会議にも急遽呼ばれて同席し、心理の立場から意見させてもらうこともありました。現場に必要な心理の知識を、内部研修の講師として保育士に伝えることもありますし、研修内容を動画に編集して法人内の職員に配信することもあります。

こういった時々の場面に、とりあえず心理士を使ってみることができるという**「気軽さ」**は、常勤だからこそ生まれるものです。外部の心理士では気軽に使ってみるというわけにはいきません。この気軽に心理士を使ってみるというのは重要です。使ってみた結果、「別に心理士にやってもらわなくてもよかったな」ということもありますし、「こういう成果につながるとは期待以上だ」ということもあります。けれども、常勤心理士に日常のなかで、とりあえず依頼できる気軽さがあってこそ、保育士と心理士との多職種連携をスピーディーにすすめられたのだと感じます。

心理士は保育士の後方支援を心がける

私の前職での主たる業務の一つが障害学生支援コーディネーターだったこともあり、私の保育園での動き方もコーディネーターを意識した部分が多くあります。

コーディネーターとは簡単にいうと、調整役のことです。障害者が利用する施設側に障害者のニーズを伝えて、必要な支援（合理的配慮）を提供できるように調整するのが主な役割です。

大学のコーディネーターは、まず障害のある学生と面談し、学生生活上の支障がどのようなものであるかを聞き取ります。いろいろな支障がありうるのですが、授業上の支障であれば授業担当教員に、施設上の問題であれば大学事務局に、その人が必要な配慮を伝えます。

そして配慮の提供が可能かどうか、難しければどのようなかたちであれば実施可能か、関係者とともに検討していくというのがコーディネーターの仕事です。

まさにこれと同じ役割を保育園心理士は担っています。

要支援児は、自分が感じている過ごしづらさを自分で語るのは難しいことが多いため、面談での聞き取りではなく、園で生活している様子を観察することで、必要な支援が何なのか私たちは検討します。

要支援児のアセスメントに基づき、いま提供している保育内容ではどのような支障があるのかも考えます。現在の保育では対象となる園児が適切に活動参加できていないとなると、何らかの配慮や支援をせねばなりません。

ではどんな配慮や支援が望ましいのか。それがどのようなかたちであれば実施可能か。それを保育士といっしょに考えていくことになります。

保育園での日々の活動自体が、子どもの成長を促す要素を多分に含んでいます。これはＰａｒｔ２で吉田が「日々の保育には、

日々、いちばん身近で子どもたちとかかわっているのは保育士。
その後方支援を心理士は心がける

療育的な要素がすでに多く含まれている」と述べていたことと符合します。

であるならば、成長を促す毎日の活動に、その子が適切に参加できるようにする努力こそが重要です。障害の有無にかかわらず、適切な活動参加を保障すること。この考えに基づいて、保育士と活動内容を検討していくのが、保育園心理士の重要な仕事といえるでしょう。

心理士が要支援児に対して、直接支援を提供するという方法もありますが、基本的には日々の保育のなかでの配慮や支援方法の提案、その実現のための後方支援をメインにおこなうようにしています。

保育士が自分たちで動くのを待つ

こうしたサポートをおこなっていくうえで、私が気をつけていることがあります。それは、私の提案で保育士の負担がどれだけ増えるのか、その負担量は許容可能なものなのか、期待できる発達支援上のメリットと釣り合うほどのものなのか、ということです。

心理士の提案によって、これまでおこなっていなかった子どもへのかかわりやそのための準備などを保育士が担うことになり、それが過度な負担になるようであれば、方向性としては正しい提案であっても現場には快く受け入れられないかもしれません。

一つ例を挙げましょう。

言語理解が不十分なＡＳＤ（自閉症スペクトラム）の特性のある園児がいるとします。その子が視覚情報を得ることで、心理的な落ち着きを得やすい（パニックを防ぐことができる）のであれば、写真を使用した絵カードを作成し、活動ごとにそれを提示するのは妥当な支援の方向性ですし、有効な方法になりえます。

ただ、その場合は絵カードの作成時間をどう確保するのか、新たな活動をおこなう際にはすべて事前にリハーサルをして写真をとるのか、などいくつかのこれまでにはなかった負担が生じることになります。

その園児にとってのメリットだけを考えるなら、準備に負担が生じたとしても支援をおこなうべきです。

けれども一方で、担当保育士が絵カードを準備する時間を確保するために、他の園内業務を担当することができなくなるかもしれません。そうなると、他の保育士もその穴を埋めるために業務の調整をする必要が出てくることでしょう。

こうしたことまで想像しながら、対象となる園児がパニックを起こしやすいのはどのような場面なのかなど押さえるべきポイントを絞り込み、保育士が負担を最小限にできるような提案をするように工夫しています。

これは実際の保育士とのやりとりのエピソードです。

「この子は言語理解が不十分で、ルーティーン理解と視覚情報を頼りに行動をしています。この場合は絵カードを作成するという方法もありますが、先生方の負担も大きいでしょうし…」

と前置きしたうえで、他にもとりうる対策を提案したことがあります。

翌月にその保育士のクラスの様子を見ると、絵カードが取り入れられていました。その子が混乱しやすい活動（シャワーのみの日とプールの日）の際に「今日はシャワーの日だよ」と一枚の絵カードで提示していたのです。

保育終了後に絵カードを作ってみたことの報告を受け、アドバイスを求められたので、

絵カードをつかって、子どもが次の活動への見通しをもちやすいように工夫

・「二つのどちらかということを伝えるのであれば、シャワーだけでなくプールの絵カードも作ったほうがいいかも」
・「二つを同時に提示して『きょうはこっち』と伝えるとわかりやすいかも」
・「シャワーだともっと伝わりやすい写真（シャワーの場所にお着替えがおいてある等）のほうがいいかも」

といったように改善点を伝え、そこから実際にどうするかをいっしょに考えました。

これは、保育士の負担も考えて、あくまでも支援の選択肢を提示するにとどめたところ、その提案の有用性に納得した保育士が自発的に保育現場に取り入れた、というケースです。自分で決めて動き始めた保育士に対して、心理士として無理なくできる改善点や工夫のポイントを追加で伝えました。

一見すると、最初から無理なく導入できる方法も含めて、絵カードの活用方法を伝えたほうが早かったのではないか、と思われるかもしれません。

けれども、保育士が心理士の提案をじっくり考えて、自分でやろう、やめておこうと決定することのプロセスこそが重要なのです。

一方的に提案され「やらされた」支援というのは長続きしません。このケースでは、私が絵カードの導入を無理にお願いしたとしても、おそらく一か月もすれば使われなくなっていただろうと思います。

保育士が無理なく「やってみよう」と思える提示をし、保育士がその提案を熟慮し、自発的に取り組むようになるまであえて待つ。取り組みがはじまったら、その姿を見逃さず、必要なときに心理士が追加のサポートする。

このサイクルを繰り返すことで、望ましい保育に一歩一歩近づいていくことができると信じています。

保育園というコミュニティを理解する

入職当時、私は保育現場について十分に理解ができていたとは言えず、「保育園という場」をもっと知ろうと努めたほか、保育の専門性についても理解を深めようと保育士資格を取得しました。

保育園という場で心理士が支援する対象は、園児や保護者だけでなく、保育園で働く職員全員が含まれるという信念が私には当初からありました。したがって、支援の対象となる保育士についても理解するよう努めました。これは、ともに働く保育士一人ひとりを個人として理解することに加えて、保育園というコミュニティの文化的な側面への理解も含みます。

文化については、少し説明が必要かもしれません。

たとえば、私が「こういうことをやりたい」と言えばYESと保育士から回答を得ることができるかもしれません。しかし、そのYESが本当にYESなのかは、組織の文化によるところがあります。本当はやってほしくないこともあるだろうし、よくわからないままYESと回答する場合もあるでしょう。

どういう手続きを経れば本音が聞けるのか、納得を得ることができるのか、そういった意思決定のプロセスもこの文化のなかに含まれます。これを理解せぬまま、組織全体に影響するような働きかけや提案をしようと無理に主張したなら、その試みは失敗することが多いように思います。

「彼を知り己を知らば百戦あやうからず」。孫子のこの格言にもあるように、支援の対象やコミュニティ、その文化については、できるだけ広く深く理解をする必要があります。

そうすることで、できる支援の選択肢も広がりますし、その質も高くなるように思います。自分の専門性や、自分には何ができて何を苦手としているのか。自分はどんなコミュニケーションのスタイルをもっているのか。自分が周囲にどのように認知されていて何を期待されるのか。そういった自己理解と自己受容も、コミュニティのなかでの支援に取り組んでいく際には重要となります。

Chapter 3

保育園で心理士の専門性をどう活かすか

園児を環境に合わせるか、環境を園児に合わせるか

合理的配慮の考え方が一般に広まる以前の障害者支援は、「障害の個人モデル」（障害は個人にある）と呼ばれる考え方が主流でした。これは障害者自身が変化することで周囲の環境に適応していくことを前提としたものです。治療やリハビリなどの支援によって、治癒や改善、成長といった障害者自身の変化が期待されます。

これに対して、「障害の社会モデル」（障害は社会にある）は、障害者の参加を妨げる社会的障壁の除去を目的とする考え方です。ここでは障害者自身に変化を求めるのではなく、周囲の環境に変化を求めることになります。

たとえば、発達に遅れがあり、活動への参加が難しい園児がいたとします。

「障害の個人モデル」に基づくのであれば、「園の活動に参加できないのは、この子の問題だから仕方がない」「この子が活動に参加できるように療育機関への通園を勧めてみてはどうか」といった考え方になります。

一方で「障害の社会モデル」に基づけば、「この子が活動に参加できるための工夫や配慮はないか」という考え方になります。この考え方をしていくなら、絵カードを準備して先の見通しをもたせることで参加を促すことができないか、活動中に保育士が隣で手順の説明をするのはどうか、といった合理的配慮が模索されるようになります。

保育園では環境を園児に合わせやすい

私が保育園で働き始めてから、驚きとともに実感したことの一つに「保育園は社会モデルの考え方をすでに前提としている」ということがあります。

一般的な社会ではマジョリティ（多数派）は大人であり、マイノリティ（少数派）である子どもへの配慮は限定的です。あったとしてもそれは「子どもを連れた大人」への配慮の域を出ません。ところが、保育園では子どもがマジョリティとして扱われ、子どもが生活しやすいようにそもそも環境が構築されているのです。

大学の授業で「マジョリティとマイノリティが入れ替わったらどうなるか？」というテーマで話をすることがありますが、保育園はまさにマジョリティ（ここでは大人）とマイノリティ（ここでは子ども）が入れ替わった社会です。大人が使うには少し不便な小さな椅子やトイレなど、すべての環境は子ども中心につくられており、マイノリティである大人は座りづらい小さな幼児用の椅子を使ってミーティングすることもあります（笑）。

子どもの年齢に合わせて環境はアレンジされ、0歳には0歳の、5歳には5歳の環境が用意されています。さらには、それぞれの年齢のなかでも月齢の高低に応じた、また個人差を踏まえた、細やかな対応が日常の保育のなかで多々見られます。

健常児のみに焦点を当てた従来の保育を変えていく

ところが、これらの細やかな対応や配慮は健常児を前提としていることが多く、障害児となると途端に個別の対応が難しくなることがあるのです。

一般社会にはまだまだハードルの高い社会モデル的な考え方が、保育園では当然のようになされているのに、障害児の話になれば、「診断と治療を受けてほしい」「療育を受けてほしい」という個人モデルに寄った考え方になってしまうことが少なくありません。

これは保育園における社会モデルが、あくまでも健常児を前提としたものであるからだと私は考えています。換言すれば、「子ども」がマジョリティとなっていても、それはあくまでも「定型発達の子ども」であって、「障害を含む多様な特性のある子ども」は保育の前提として、これまで十分に考慮されてこなかったからなのかもしれません。

もちろん、障害を含む多様な特性のある子どもへの配慮は、程度の差こそあれど、どの保育園でも取り組まれています。

たとえば、アレルギー疾患のある子どもにはアレルギー除去食を給食で提供します。みぎわでは、できるだけみんなが同じ食事をとれるようにとの考えから、卵を献立に一切使用せず、卵以外のアレルギー疾患のある子どもについては、個別に必要な除去をおこない、代替食の提供をしています。これも社会モデルに基づく配慮の一例だといえます。

アレルギー除去食と同じように、発達の遅れがある子への対応はどうするか。コミュニケーションに障害がある子への対応はどうするか。落ち着きがない子への対応はどうするか。そういったことを一つずつ検討し、保育に取り込んでいくことができれば理想でしょう。

そして、その際には「アレルギー疾患のある子の食事だけを除去食とするのか、それともアレルギー疾患のある子も食べられる給食に変えるのか」という選択肢の組み合わせを給食で考えているのと同じように、障害を含む多様な特性のある子どもへのさまざまな対応の選択肢やその組み合わせを、保育でも考えていくことが求められます。

園児が活動を選べるようにすることの意義

みぎわの例では、落ち着きがなく設定保育の活動への参加が難しい園児がいるクラスで、参加する活動を子ども自身が選択できるようにしたことがあります。

その園児に診断はついていませんが、通常の活動では保育士の説明をあまり聞かない、活動の参加も自分のタイミングで入ったり入らなかったりする様子がよく見られていました。

通常の設定保育であれば、「今日は鉄棒をします」といったように活動内容を保育士が決め、子どもたちはその決まった活動に参加

子どもたち自身が興味・関心のある活動を選んでいく

するのが通例です。

そうではなく活動を複数用意して、どの活動に参加するかを子どもたちに選んでもらうというスタイルの設定保育をおこなってみました。するとその園児は、ふだんであればあまり聞かない保育士の説明にもしっかりと注意を向け、活動から外れることなく参加し続けることができました。

これにはいくつかの要因があると考えられます。従来型の保育であれば、園児は興味をもちにくい活動にも参加しないといけませんが、

①　自分の興味がある活動だけを選ぶことができたこと
②　自分が選択した活動の時間以外は自由遊びを楽しめるという、時間のメリハリが明確であったこと
③　選択肢があるということ自体に目新しさがあったこと

などで、その園児が興味を持続しやすかったことなどが、うまくいった主要因でしょう。

またこの活動は、その園児だけではなく他の子どもにとっても活動参加しやすい、集中しやすい活動になったようです。

このように、要支援児にとって望ましい参加を引き出すことができるだけではなく、他のすべての子どもも同様に参加を楽しむことができる活動を増やしていくことを、いまのみぎわはめざして

います（Part5に詳しく述べるユニバーサルデザイン保育という考え方です）。

こうした取り組みの積み重ねで、保育の前提となる子どもを健常児だけではなく、障害を含む多様な特性のある子どもにまで拡げていくことができるはずだと考えています。

ジレンマを乗り越えるため考え続ける

もちろんこうした取り組みは、これまで続けてきた保育のあり方を変えるものであり、実現に困難が伴うことも多くあります。

園内の活動なら、保育士の配置なども柔軟に対応しやすいのですが、これが散歩の行き先を子どもに選んでもらう（例：頑張るコース、ほどほどコース、ゆったりコース等）という園外活動となれば、どのコースにどの保育士が何人ついていくか、各コースに必要な保育士を配置できるのか、など調整が難しい部分が出てきます。

これは実際に、遠くまで歩くことが困難な園児のいるクラスで検討した内容です。

その子に合わせすぎると、クラスの他児にとってしっかり歩くという経験を得る機会が不足してしまいます。かといってクラスの他児に合わせすぎても、遠くまで歩くことが困難な園児の参加が難しくなってしまうというジレンマが生じます。

その時の話し合いでは、必ずしも散歩でそこを補わなくとも、他の活動で運動体験の提供は可能という結論になりました。

一方の機会を保障すれば他方の機会が失われるというジレンマは常に起きます。そこで考えるのをやめるのではなく、どうすれば両者とも機会が十分に与えられるようにできるのか、検討を続けること。

そうした検討の積み重ねによって保育が少しずつ見直されていきます。難しい取り組みも保育士の配置に余裕がある日に少しずつ挑戦していき、そこで見つかった課題や難しさを一つひとつ解決していくことで、健常児を対象としていた保育を、すべての子どもの活動が保障されるような望ましい方向に少しずつでも変えていくことができるはずです。

心理士としてのあらゆる経験が保育現場で活きる

これまで、保育園における心理士の立ち位置や、働くうえでの基本姿勢、心構えについて述べてきました。

しかし、心理士とひとくちに言っても、それぞれのキャリアを通じて多様な心理技法を習得しています。それは職場の要請であったり、個人で選んだ研修であったり、出身大学や研究室の影響であったりします。さまざまな理由で習得しているため、それぞれの心理士で得意としている技法も異なります。

私の場合は、カウンセラーとしての経験が長かったので、当然まずはカウンセラーとしての経験をどう活かすかを考えました。

カウンセリングに限った話ではありませんが、心理士はクライエント（対象者）と直接かかわりをもつ場合、必ず見立ての作業（アセスメント）をおこないます。

見立てとは相手がどのような人物であるのか、とくにセラピー（心理的支援）の文脈で理解する作業です。その作業は初回の面接から始まり、その後の面接でも修正を経ながら、見立てを深めていきます。

こういった、相手を「見立てる」という作業を習慣化することで、対象が保護者であれ、保育士であれ、必要なサポートの程度や説明の仕方、関係性を構築するための方向性をある程度決めることに役立ちます。

私にはこれまで、大学での学生へのカウンセリング、その保護者との面談、クライエントである学生を教育的な立場から支援する教員へのコンサルテーション[*5]に携わってきた経験があります。そこで培った「勘どころ」とでも表現すべきような、その経験で身についた対応スキルが備わっており、それはそのまま保育園で役立っていると感じます。

たとえば、保育士とともに保護者の方と面談して、お子さんの特性について話をする際にも、保護者の方の言葉の選び方や、課題となる子どもの行動に少し触れたときの反応、話しやすさやその場の雰囲気など、複数の要素を踏まえて、今日はどこまで何をお伝えするか、今後どういうかたちでお伝えしていくか、などをその場で調整しながら対応しています。

このあたりについては、ベテランの保育士も同様のスキルをもっているように感じますが、私の心理士としての経験を活かすことができる場面でもあります。

また私は、「動作法」という障害児・者の動作訓練やその技法を用いた心理療法の習得に大学院時代の大半を費やしたこともあり、動作法の指導者資格ももっています。動作法は主に脳性まひ児・者を対象に動作訓練（リハビリ）をおこなうため、体の重心や使い方など、運動に関するアセスメントを一般的な心理士よりは上手にできる自信があります。

対象者の動作をアセスメントし、動作に現れる「こころ」を扱うアプローチを動作法では重視するのですが、こういったアプローチは保育現場で応用可能な場面が多くあります。

落ち着きがない子の着座姿勢を少しサポートして落ち着きやすい姿勢をつくることや、パニックになっている子の対応時に脱力（リラックス）しやすいように導くこと、運動の遅れがある子が踏

＊5　課題に直面している専門職から相談を受けた他分野の専門職が、対等な関係で助言をし、その課題に対して間接的な援助をすること。

みしめをしっかり体験できるような姿勢づくりを促すなど、日々の保育場面で役立つことは多くあります。

多様なバックグラウンドをもつ心理士がいる強み

いまはまだ保育現場での心理士の働き方が確立していません。それどころか、保育現場で心理士が働くということですら一般的ではありません。

心理士のどのような経験が、どのように活かせるかというのも、見えないところがまだまだ多いのが現状です。

みぎわには現在、4人の常勤心理士がいますが、児童相談所での経験や療育施設の経験、病院での経験、乳幼児健診での経験、不登校児支援の経験、カウンセリングの経験、など多様なシーンをメンバーはくぐり抜けてきています。

各職員がもつバラエティに富んだ経験値は、保育園で働くようになっても役立っており、どんな課題が出てきても我々のチームの誰かには、すでに過去に同様の支援経験があり、具体的かつ適切な支援方法を提示できてきています。

こうした複数名の心理士がみぎわにいることで、現場の保育士にとっては、何でも相談できるというメリットがあると思っています。

それぞれの心理士が、自分のこれまでの経験を軸に、保育園でその経験を活かしていく余地は十分にあります。

何も、すべて自分がやる／自分でできる必要はありません。

大切なのは、その経験をいかに保育現場で活かしたいか、自分がどう役立ちたいのかを考えつづけることであり、自分の得意とする仕事をつくっていくことです。

私たちの経験から、これはきちんとお伝えしておきたいと思います。

保育園は子どもの生活全般にかかわる福祉施設です。

心理士のさまざまな領域での経験を活かす機会は、これからどんどん見つかっていくはずです。

みぎわ座談会

多職種連携を通して保育士は育つ

塩谷　索（顧問）
関谷　奈月（理事長 兼 みぎわ保育園園長）
若林　薫（副理事長 兼 中京みぎわ園園長）
辻村　萌乃（中京みぎわ園 保育士長、幼児組チーフ）
藤原　朝洋（心理・リハビリチーム主任）

「支援会議」における多職種連携の実際の様子

塩谷　さて今回の座談会では、みぎわの多職種連携の実態がもっともよく表れている「支援会議」について、みなさんのお話をうかがいましょう。

支援会議というのは、発達特性をもつ園児を保育園生活のなかでどのように支援していくかを話し合うための場です。担当保育士はもちろん、園長や保育主任、心理士やリハビリ職、ときには栄養士や看護師も参加し、それぞれのメンバーの専門性や経験を活かした議論がおこなわれます。その子に合った個別支援計画を作成したり、その計画にもとづいて実践した日々の活動や生活のなかで、その子がどんな成長を見せたか、どんな課題があったか、みんなで話し合ってよりよい明日のかかわりにつなげていくことを目的とし、まずは中京みぎわ園で始まりました。

今日は、その中京みぎわ園の園長である若林先生、幼児組のチーフである辻村先生をメインゲストにお迎えします。いま支援会議でどんな具体的な話し合いをしているのか、保育士と心理士・リハビリ職とが現場でどのように協力しているのかをお聞かせください。

若林　はい。まず中京みぎわ園では、各クラス、週1回の頻度で支援会議を行っています。所要時間は1時間で、3人の園児について話し合うところからはじめましたが、時間が足りずに2人までに絞るようにいまはしています。それだけ会議のなかで意見がたくさん出て、活発な議論ができているということです。参加者は基本的にクラスの全員と、心理士の藤原先生か吉田先生のどちらかと、あとテーマが運動発達面を含むときは作業療法士の尾崎先生も呼んでいます。

塩谷　支援会議ではどんな議論をしているのでしょうか。具体例を挙げて教えていただけますか？

若林　薫（副理事長 兼 中京みぎわ園園長）

若林　多くの子どもたちを対象にした従来の保育では、要支援児にフィットしていない部分が多いので、どういうかたちで活動面の工夫をするか、環境面での調整を図るか、要支援児一人ひとりについて支援会議で検討します。

たとえば、幼児組に自閉傾向の強い園児がいますが、いまのその子への支援のポイントとして「ひとへの興味・関心を引き出すようなかかわりをしていこう」というものがあります。では、どうやってその子がまわりの園児だったり、先生だったりに関心をもって、コミュニケーションをとるきっかけを得られるだろうかと話し合った結果、食事場面での工夫が有効ではないかというアイデアが出ました。

藤原　その点について私から詳しく話すと、その子が誰かに何かをお願いするとき、つまり子どもの要求場面をうまく活用しようという提案を私からして、それなら食事でおかわりをする場面がねらい目ではないかというアイデアが保育士のみなさんから出たのです。

さっそく次の日に直接、私がその子の食事に付き添って、おかわりを渡すまえに縦にうなずくという動作をやってみせ、その子にその動作が出たらおかわりを渡すということをやってみました。1回目だったのでちょっと時間はかかりましたが、おかわりを求めるうなずきのサインを出してくれました。二日目も同様のかかわりをしたところ、今度は初日よりも少し早く本人からのサインが出るようになり、まずは本人からコミュニケーションを図ろうとする姿勢は出始めたと思います。

塩谷　なるほど。さっそくうまくいったのですね。

藤原　けれどもすぐに次の課題が出てきています。要求場面でその子がうなずくことは増えたけれども、要求内容まで本人はまだ伝えられていないし、こちら側の問いかけも完全に理解できているわけではありません。「園庭に遊びに行く？」とこちらが問いかけて、本人がうなずいたので園庭にいっしょに行くと、実はその子が行きたかったのは園庭ではなく屋上の広場だったということもあります。

つまり、うなずくというコミュニケーション手段で、自分の望ましい状況になるかもしれないという学習はできたのですが、それで相手に何が伝わっているかまでは本人はまだわかっていません。

辻村　そんな課題があっても、その子の支援で何から手をつけるか、どこまでならできそうか、その次に何を目標にするか、そんなことを心理士の先生といっしょに話し合って、現場でどんどん試してみることができるのはクラスの担任として心強いです。

心理士による提案だけではなく、保育士独自の発案が出てきた

若林　別の例では、園外での運動遊びのときに子どもたちが活動内容をいくつかの選択肢から選べるようにするという工夫もけっこううまくいきました。自分が興味をもったもの、自分に合ったものを選んで集中して遊びこめるようにするという取り組みは、今後も続けていこうと思っています。

藤原　いま若林先生がおっしゃった運動遊びの選択制というアイデア、実は心理士からアドバイスしたものではなくて、保育士の先生方が

独自で考えて導入したものです。ふだんから心理士の考え方に触れているので、合理的配慮のコツがつかめてきたのでしょう。

塩谷　この運動遊びの選択制。幼児組のどなたが考案されましたか？

若林　私です。実際にやってみる際には、運動遊びを得意としている男性保育士に協力を依頼し、快く引き受けてもらったので、いっしょに企画をすすめました。その先生からは、いろんなメニューを準備して、複数の活動を同時に展開しても幼児組の先生方と協力すれば子どもたちをしっかり導けるだろうという頼もしい言葉をもらって、試してみたらうまくいきました。

藤原　これはやってよかったと見ていて思いましたし、選択制にすることで子どもたちの活動への参加意欲がいままで以上に出ていたし、主体性を尊重した活動というのは、こういうことだと実感しました。もちろん準備や当日の職員体制を組むのは大変ですが、それに見合う成果はありますね。

若林　こういう成功事例が少しずつ生まれてきているのも、支援会議でふだんから要支援児への個別の支援だけではなくて、クラス全体での活動をどのようにしたらすべての園児にとって楽しくて有意義なものにできるのか、考えて話し合っているという土台があってのことです。もちろん支援会議の場だけではすべての課題や困りごとに答えが出せるわけではありません。結論まで至らずにモヤモヤ感が残って解散することもあります。

オンライン・コミュニケーションをうまく活用して

辻村　でもそんなときは、グーグルチャットを使って会議のあとでもメンバーで議論できるので、それは重宝しています。けっこうチャットで意見が盛り上がって、そこから「あ、そうだ。こんな方法を試してみたら？」というようにアイデアが出て、早いときには、その翌日からさっそく現場で試してみるということは何回もありました。

塩谷　もしかするとチャットというツールを使うことで、対面での支援会議を補完してくれるオンライン支援会議のようなものができているのかもしれませんね。

藤原　まさにそうだと思います。チャットがなかったら、支援会議が終わったあとの保育士さんどうしのやりとりに、僕たち心理士が加わることはあまりなかったと思います。心理士としては支援会議以降のクラスの先生方のやりとりに加わることができて、そのクラスが課題としていたことがいまどんな様子で、先生方が何に挑戦しようとされているのか、どんな新しい壁が出てきているのか、リアルタイムでフォローできるのがありがたいです。

若林　心理士の先生がチャットに入っていることで、次回観察に入っていただくとき事前情報の提供がほぼ不要になっていますし、保育士と心理士のスムーズな現場での連携にも一役買っているなと感じます。まあ、就業時間内、退勤前にやりとりすることを基本にしないと、時間外の業務負担になってしまうので、利便性と負担感とは天秤にかけながら、うまく使わないといけないなとも思っています。

あと、そもそもですが、支援会議にしてもその後のチャットにしても、心理士の先生だけにお任せするとか、見立てを示してもらって保育士はそのとおりに動くということではありません。保育士と心理士とがお互い同じ土俵で議論して、それぞれのものの見方や専門的な視点を出し合いながら、どちらか一方の専門家しかいないときよりも充実した保育内容だったり、保育環境だったり、支援方針だったりをつくっていくということを期待しています。

支援会議を通じ、心理士の視点が保育士に宿っていく

辻村　私は5歳児の担任として、心理士や作業療法士と毎日いっしょに働くなかで、いま若林先生がおっしゃったような心構えを大切にし

辻村　萌乃（中京みぎわ園 保育士長、幼児組チーフ）

ようと思っています。そのうえで最近感じているのは、藤原先生や吉田先生の考え方やものの見方を教えてもらったことが、自分たちのなかに少しずつ入ってきているなということです。

ある子どもに対する対応方針を心理士の先生方とじっくり練って、そのあと実際に子どもと向き合って、私たちの新しいかかわりがうまくいったこともたくさんありました。でもその経験というのは、その子にこう対応してうまくいったという一回だけの成功にしないように、似たような傾向や行動をみせる他の子どもに接するときにも応用していこうと心がけています。

若林　心理士の先生といっしょに日々子どもと接して、行動分析をしてもらって、アセスメント結果をみんなで話し合って、支援方針も悩みながらアイデアを出し合って、つくって、それで子どもとかかわってうまくいったというその過程自体が私たち保育士の経験値になっています。

そういうプロセスを経てきているからこそ、次に同じような子どもが入ってきたときに、自信をもって前よりはうまくかかわれるような基盤ができてきているのだと思います。いまは全部が全部、心理士と相談しなくても、クラスの担任間で話し合って対応できはじめてきているなと感じています。

藤原　私の最終的な理想としては、心理士がいなくなっても保育士のみなさんが自信をもってやっていけるというのがあって、そういう気持ちでいま連携をしていますね。自分たち心理士の考え方そのものを伝えるということが、支援会議だと十分にできます。

通常、巡回相談などでは子どもの観察のあとに保育士にフィードバックしますが、あれは心理士が保育士に「教える」というニュアンスが強いかなと思っています。ふだんなら、「要はこういうことなんですよ」とアセスメント結果を保育士に伝えるところで時間終了というケースがどうしても多くなりますが、支援会議のいいところというのはアセスメント結果を材料にして、さらに保育士の先生たちと議論を展開して深掘りできるところです。

たとえ、その会議で頑張って話し合ったけどボツになったアイデアがあったとしても、ボツに至るまでの議論や思考の積み重ねこそが大事で、それが保育士のみなさんにとっても、そして心理士の僕たちにとっても勉強になるのです。

中京みぎわ園ではこういう機会を重ねてきて、最近は保育士さんの質問の仕方も変わってきたなと感じています。以前は、「これってなんでなんですか?」というような質問が多かったのが、「これには、こういう背景や理由があるから、こうなっているという理解で合っていますか?」というように具体的になってきました。僕たち心理士の視点が保育のみなさんのなかに取り入れられている、専門用語でいうと「内在化」してきている証拠ではないでしょうか。

若林　そうなっているとうれしいですし、これからどんどんその方向で私たちも力をつけていきたいと思います。もちろんまだ難しさはあって、子どもの成長とともに問題のステージも変わっていくので、これからも継続的に心理士のみなさんと連携して意見交換していきたいと思っています。

COLUMN 2

みぎわＤＥＬＩ
〜保育園のなかのお惣菜屋さん

栄養士　鎌倉　エリナ

２０２２年10月、中京みぎわ園の1階にお惣菜屋「みぎわＤＥＬＩ」をオープンしました。みぎわの給食のなかでも園児にとくに人気のメニューを、夕食用の惣菜として保護者さんに販売する飲食店です。

週に1回ほど開店し、主菜（魚中心）と副菜を販売しています。価格は食材の原価相当におさえ、副菜が子ども一人分50円、主菜は子ども一人分１００円（大人分はいずれもその倍額）に設定しました。お迎えの時間にお買い求めいただき、毎回、好評のためほぼ売り切れます。

開店のきっかけになったのは、地域の子育て家庭向けに、保育園栄養士としての経験を活かしたクッキング教室を２０２２年度から定期的に開くようになったことです。そこで離乳食の作り方などを参加者の方にお伝えするなか、私にとって大きな気づきが二つありました。

一つめは、当初私が想像していた以上に、子育て中の保護者さんは食事面で不安や悩みを抱えておられるということ。

そして二つめは、私たち保育園栄養士が毎日あたりまえのように繰り返している乳幼児の食事の調理や献立作成の経験が、思った以上に保護者さんの参考になるということです。

だったら、私たち保育園栄養士が日々取り組んでいる給食調理の経験をもっと共有したい。そういう機会をほかにもつくれないだろうか。

「みぎわDELI」店頭　左から松井萌恵先生（管理栄養士）、山口夏美先生（栄養士）

そんな想いが募っていたとき、中京みぎわ園のある保護者さんから、給食の販売を希望するお声をいただいたことが最後の一押しになりました。

みぎわの給食をもっと知っていただきたい

忘れもしない2022年7月6日、七夕の前日。塩谷理事長（当時）に「給食を惣菜として保護者さんと園児たちに夕食用に販売したいんですけど…」と相談しました。すると「それは素晴らしいアイデアですね！　きっとみんなの役に立つ取り組みになるから、いまからいっしょに企画書をつくりましょう！」という予想を超える前向きな反応があり、その日のうちに私と理事長とで企画書を書き上げました。

そして、なんと翌々日の8日に理事長が京都市保健センターに飲食店の営業許可を申請に行き、保健センターによる現地確認も経て、7月25日には営業許可を取得することができました。

そこからは、どんなメニューを販売するか、価格設定をどうするか、園内のどこを店舗スペースにするか、衛生管理をどのようにして徹底するか、アレルギー対策としてどういう表示シールを貼るか、お惣菜を入れる冷蔵ショーケースはどんなものがいいか、ユニフォームはどんなカラーにするか、など給食室メンバーと盛り上がって話しながら、どんどん決めていきました。

店名は、うちの給食室の同僚である山口夏美と松井萌恵の発案で「みぎわＤＥＬＩ」になりました。

保護者のみなさんが夕食を準備するご負担を少しでも軽減できれば。

ご家庭で給食を召し上がっていただき、みぎわの給食をもっと知っていただけたら。

惣菜販売をきっかけに、栄養士が保護者さんともっとお話しする機会が生まれたら。

私たちはこうした想いをもって企画し、開店の準備をしていました。

実際に販売している惣菜

お惣菜販売を通じて保護者さんとの会話が増えた！

2022年10月19日。

いよいよ開店日です。お客様（保護者さん）が私たちの給食をほんとうに購入してくださるだろうか。ドキドキして開店時間の16時30分を迎えました。

すると…お迎えに来られた保護者さんがつぎつぎと私たちの給食を購入してくださるのです！まさに大繁盛で、初回の営業で完売御礼となりました。

完売もうれしかったですが、日ごろ保育士よりも接点が薄かった私たち栄養士に、保護者さんが給食についていろいろご質問をくださったこと、作り手としての考えや想いを直接お伝えする機会が生まれたことに純粋な喜びと、この仕事のやりがいを感じました。

給食室長として、もうひとつうれしかったことがあります。

このような新しい試みをはじめることで当然、給食室のメンバーの業務が増えることになります。でも、同僚の山口夏美と松井萌恵は、その大変さよりも面白さをより強く感じてくれて、企画段階から開店準備にいたるまで、ずっと笑顔で私に伴走してくれました。給食室長としてこのことはとても強く心に残り、こんな素敵な仲間と働けていることを誇らしく思っています。

自分のつくった仕事が、誰かの役に立てた。そして、それに賛同してくれて、笑顔でいっしょに頑張ってくれた仲間が身近にいた。保育園の栄養士になって、ほんとうによかった。

いま開店から一年が経ち、私たちがつくったみぎわDELIは、すっかり中京みぎわ園の日常の一部となりました。子どもたちもDELIの日を毎回楽しみにしてくれています。保護者さんとのコミュニケーションの機会も格段に増えてきています。給食の献立や調理方法の工夫をご家庭でも試していただくことで、子どもたちがこれまでおうちで食べなかったものも食べられるようになってきたとのお声を頂戴することも多く、私たちの励みになっています。

2023年10月には京都市伏見区のみぎわ保育園で「みぎわDELI伏見店」もオープンしました。ゆくゆくは地域の子育て家庭の方々にも給食を販売するなどのアイデアも検討中です。

これからも栄養士のメンバーと楽しみながら、保育園栄養士だからこそできることを考え、そして実現していきたいと思っています。

99%
ANGRY!

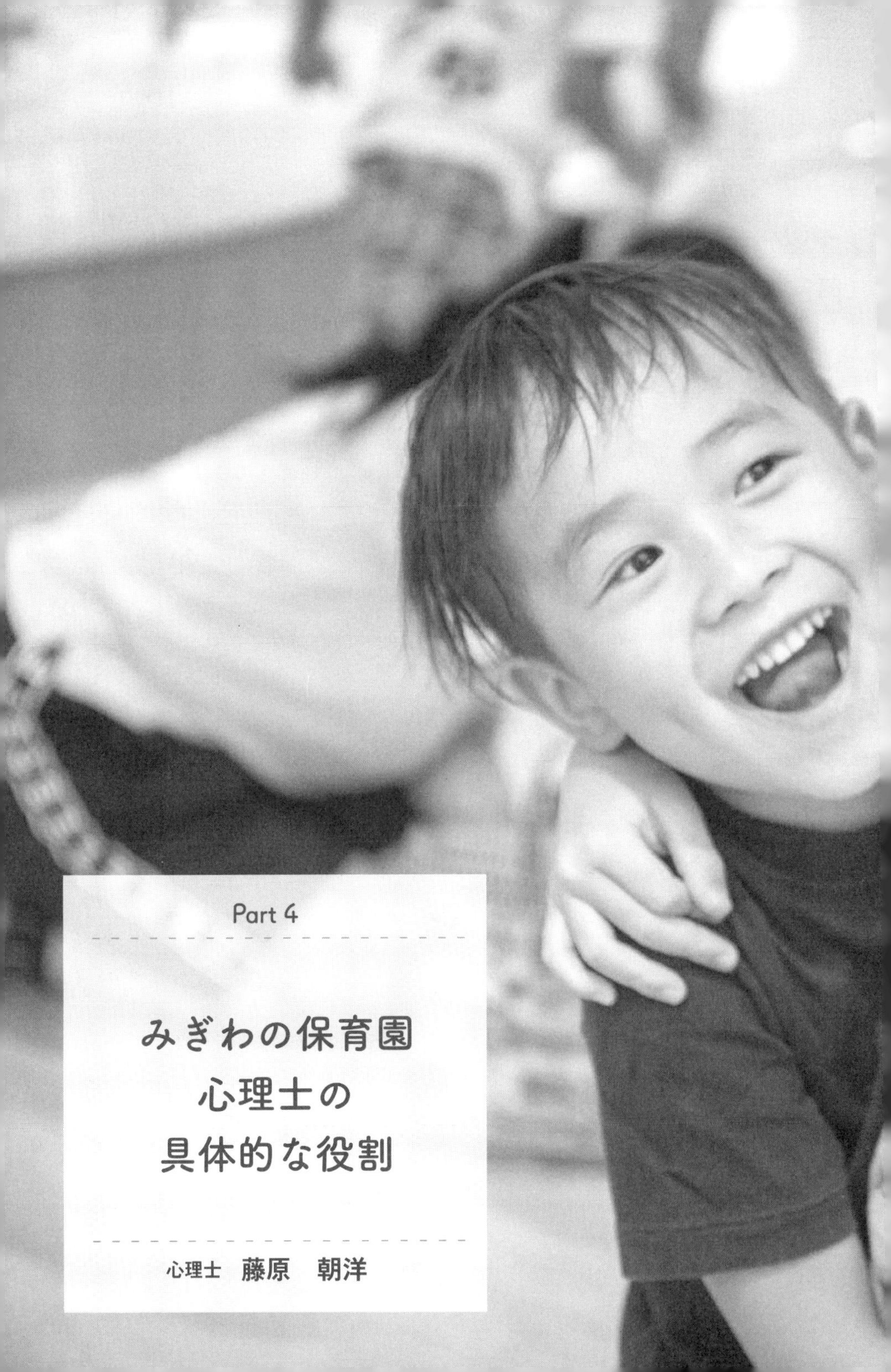

Part 4

みぎわの保育園心理士の具体的な役割

心理士　藤原　朝洋

さて、このPartではいよいよ、みぎわの保育園心理士の具体的な役割について説明していきます。

みぎわでは保育士向けに、心理士の役割を食堂のメニューに見立てて説明しています。

「心理食堂」と呼んでいるのこのメニューをQRコードよりご覧ください。

みぎわの心理食堂

みぎわの保育園心理士の役割

1 アセスメント

…… 詳細は p142〜

「発達が気になる」「問題行動が多く見られる」という子どもの観察に入り、今の発達水準と課題を明らかにしたうえで、必要な支援を提案します。

行動観察　参与観察　クラス活動の観察

2 コンサルテーション

…… 詳細は p147〜

子どもの様子について、アセスメント時以外にも、困ったことや気になった行動についておうかがいします。

お聞きした内容をもとにその場で支援方法の提案を行なったり、後日、詳しいアセスメントを行います。

3 保護者面談

…… 詳細は p149～

保護者が子どもの発達などを気にしておられる場合、保育士とともに面談時に同席し、心理の専門性に基づき、発達相談をお受けします。保護者ご自身が抱えている困り事の相談にも対応します。

4 発達検査

…… 詳細は p152～

子どもの社会性・コミュニケーション、言語発達、運動発達、認知・適応力など発達水準を詳しく調べたいときに有効です。

遠城寺式乳幼児分析的発達検査法　M - CHAT
新版 K 式発達検査

5 個別支援計画の作成支援

…… 詳細は p160～

要支援児の支援計画を作成する際、アセスメント結果を踏まえて、心理の専門性を活かしたアドバイスします。

一般的に支援計画を立てはじめる 5 月末～ 6 月頃がおすすめです。

6 支援会議

…… 詳細は p162～

保育士と心理士、作業療法士、栄養士、看護師などの多職種で集まって情報を共有し、子どもの支援方針をともに考える場です。一回 1 時間程度、園児 1 ～ 2 名を取り上げます。

1

CHAPTER

アセスメント——園児の行動にストーリーを与える

(1) 行動観察と所見作成

保育園心理士の基本的な役割の一つは、観察と所見作成です。観察する際には「行動観察」と「参与観察」とを使い分けています。ここでは行動観察について説明をします。

さて、行動観察は、巡回相談等でおこなわれることが多く、観察に基づく所見を作成することで、丁寧なアセスメント(見立て/対象児の理解)が可能です。

私は行動観察をおこなうとき、「**行動分析**」と「**発達水準の確認**」とを重視しています。

行動分析については、たとえば集団行動から逸脱する園児を対象とする場合、どういうタイミングで逸脱するのか。多動や注意の問題はあるか。保育士は逸脱にどう対応しているか、などを意識して観察します。

読み聞かせでの逸脱がとくに多いのであれば、言葉が十分に理解できずに注意を向け続けるのが難しいかもしれないというような仮説をもつことになります。

退屈な場面で逸脱が見られ、それを止めようとする保育士とのやりとりを楽しそうにしているようであれば、保育士に関心を向けてほしいための「試し行動」ではないかとの仮説をもつことになります。

関連して、その場面がその子にとって、なぜ退屈なのかも検討する必要がありますし、「保育士に関心を向けてほしい」というのは、「退屈を紛らわすことができればなんでもよい」という多数の選択肢の一つなのか、「自分に関心を向けてもらうことが目的」となっ

ているのかということも検討せねばなりません。

その意味で、行動観察に基づくアセスメントは「**園児の行動にストーリーを与えるような理解の仕方**」だともいえます。

これができる／できないといった理解だけではなく、「これが苦手だからこうなって、それに対してこういう対応をするから、こうなってしまうのではないか」という流れのなかでの理解をすること。

それによって園児についての理解だけでなく、園児をとりまく環境との相互作用の中で「逸脱」という現象が起きていることへの気づきにつながります。

こういった「**環境との相互作用**」という視点をもつことによって、アプローチの対象を園児だけではなく、「相互作用している環境」（物理的環境だけでなく保育士のかかわりを含む）にまで広げることができます。視点を広げることで個人モデル的な保育アプローチだけでなく、社会モデル的な保育アプローチも可能になってきます。

また、例外的に逸脱が見られない場面がないかどうか。そういった「**例外探し**」も、対象となる園児の理解とともに、その園児が有する強みを見つけることに役立ちますし、有効な対応のアイデアにつながることもあります。

給食の場面では例外的に逸脱が見られないということなら、「目的が明確で、園児もその目的への動機を強くもつことができれば、逸脱の必要がなくなるのではないか」という仮説を立てることができます。

そうなれば他の場面で「目的が明確で、園児も動機づけを強くもつような活動を用意してみる」という保育のなかでの工夫を導けるでしょう。

⑵ 参与観察

行動観察は対象となる園児から距離をとり、できるだけ客観的に園児の行動を観察します。それに対して参与観察では、実際に園児とかかわりながらの観察をおこないます。

行動観察の結果から「この子はここが苦手なのではないか」と仮説を立てたあと、参与観察でその確認をすることが多くあります。

たとえば3歳児で「自発的な発話が少ない」「集団の動きには積極的に合わせようとするがたまにずれることがある」「読み聞かせでは注意が逸れやすい」という、行動観察の結果から「言葉の遅れがあるのではないか」という仮説を立てたとします。

そのときは、実際に参与観察のなかで「○○ちょうだい」とその物の視覚的情報を与えずに（ジェスチャー等を使わないで）指示を出した際の反応を確認するといった、かかわりながらの観察によって仮説の検証が可能となります。

また園児の特性を確認するためだけでなく、必要な支援を特定するのにも役立ちます。「他の園児の適応的な行動をほめることで、それを見た要支援児が同様の適応的な行動をとるのではないか」「長い文章ではなく短文（2～3語）で伝えると、声かけへの注意が持続するのではないか」といったような支援のヒントを、実際にそれらのかかわりをしてみることで得ることができます。

2
CHAPTER

コンサルテーション
―保育士の専門性を活かし保育の質を高める

心理士が保育現場に入る際の基本的な立ち位置は、**保育士の後方支援**です。

心理士が子どものアセスメントをおこなって、要所を押さえた対応ができるとしても、保育士にアセスメントの中身や対応のポイントがしっかり伝わっていなければ、保育の質がよくなったとはいえません。


はじめのうちは心理士が「やって見せる」ことが必要だとしても、日常的に子どもたちにかかわるのは保育士です。

そのため、心理士はアセスメントと対応のポイント、また**「解消されないアセスメント上の疑問」**があれば、そういったものも含めて保育士と共有していくことが大切です。

解消されないアセスメント上の疑問とは、アセスメントに基づいて、ある程度は一貫して子どもの行動を説明、理解することができるはずが、その一貫性が損なわれるような行動の矛盾があったときに生じるものです。

家庭と保育園での様子が異なるということが、幼児組になってくると一般的にみられます。これについては、子どもの社会性の発達に伴って起きるものだと理解することは可能です。

しかし園の活動のなかで、ある場面では適応的な行動が見られるが、ある場面ではそうではない、といったようなことも起こります。

これはまさに「解消されないアセスメント上の疑問」そのものです。心理士はアセスメント手法においては専門性を有しているかもしれませんが、子どもについての情報量では担当保育士には到底かないません。

そのため、わからないことはわからないとしっかり担当保育士に伝え、その不明点を保育士の専門性や子ども理解に頼るなか

で解決していくことが、理想的な多職種連携のあり方だと言えるでしょう。そういったことから、保育園で働く心理士は、コンサルテーションを通じて、保育士と相互の専門性や強みを活かしながら、子どもについての理解を深め、対応の方針を決めていくことが求められます。

3
CHAPTER

保護者面談
――「親という子どもの専門家」を尊重する

このコンサルテーションを通じた保育士と心理士との関係性は、保護者と心理士、そして保護者と保育士とのあいだでも同じように大切なものです。

指導する／される関係性ではなく、**保護者を「親という子どもの専門家」として尊重すること**（その子のことを一番考えていて、誰よりもよく見ているのはほとんどの場合、親です。その意味での専門家、親としての専門性という言葉をここでは使っています）。

そして、共に考える姿勢で保護者との関係性を構築していくこと。

保護者をコンサルテーションの対象として捉えることで、「保護者が親としての専門性を十分に発揮できていないのはなぜか」という視点も生まれてきます。夫婦関係によって専門性が阻害されていることもあれば、子どもの性格と保護者の性格の相性の問題というケースも、知識や情報の不足によるケースもあります。

保育士と心理士との関係と同じように、保護者と共に考えることで、親としての専門性を発揮しやすい状況をつくっていくことができるように思います。

心理士が保育園で働く場合、担当保育士に比べて、どうしても一人ひとりの子どもとかかわる時間には制限が生じますし、心理士だけでできることは限られています。

だからこそ、長い時間を子どもと過ごし、正面からかかわる保育士や保護者が心理的な視点や必要な知識・情報をもてるよう、心理士がサポートすることが必要なのです。

ところで、私は非常勤で乳幼児健診の検査を担当していたことがありますが、保護者と会う機会は検査を実施したその日しかなかったため、保護者の心情には配慮しながらも伝えるべきことは、その日のうちに必ず伝えなければなりませんでした。

それと比べて保育園の強みは、伝えるべきことがあったとしても**時間をうまく使うことができる**点にあります。保育士とは「3歳児健診がある半年後を目標に、少しずつ伝えていきましょう」といった目標を話し合いのなかで設定し、対象児の苦手としている部分についても保護者が受け入れることができる範囲で、少しずつ伝えていくというような、時間を味方につけたゆとりあるかかわりができるのです。

また、発達の遅れや何らかの特性が疑われるような場合でも、保育園でできることがあるのであれば、まずは園生活のなかでそれを試してみてから、急がずにゆっくりと保護者に伝えていくことができます。心理士が対象児の発達についてのアセスメントをおこない、その子の成長に必要な保育上の工夫を提案し、それを保育で取り入れてみる。そしてその有効性にある程度の確信をもってから保護者に伝える、という着実性のある支援は、常勤心理士が園内にいることで可能になるのです。

4
CHAPTER

発達検査
——根拠に基づく保育を実現する

(1) 遠城寺《えんじょうじ》式乳幼児分析的発達検査法（以下、遠城寺式）

保育士や各施設の園長から話を聞くなかで、保育士が障害児保育での負担感を感じるのは、要支援児への保育そのものに加えて、保護者に園児の特性を伝える際だという意見を複数うかがいました。

この点についてですが、保育士の専門性からは、保育現場での様子などを詳しく伝えることができても、障害の傾向や発達の遅れについては印象レベルの内容にとどまることが多いように思います。また、保護者が納得しない場合（「うちの子を障害児扱いするんですか？」）や療育などの支援につながることに積極的でない場合もあり、なかなか話を切り出しにくい、どう伝えていいかわからない、といった難しさがあります。

こういった困難に対しては、心理士によるアセスメントやスクリーニングテスト、発達検査の結果を参照しながら説明するという対策が考えられます。

みぎわでは通常の行動観察・参与観察に加え、必要に応じて遠城寺式を参考にし、対象児の各発達のおおよその目安を得ることにしています。

遠城寺式は運動、社会性、言語のそれぞれの領域の発達水準を評価し、グラフも用いて定量的に表示することができます。その結果を保育士と共有することで「なんとなく運動がゆっくり」「言葉が少し遅い気がする」といった曖昧な表現ではなく、「運動は1歳6か月水準で半年程度の遅れ、言葉は年齢相応の発達」とより正確な把握ができるようになりました。すべてのケースで使用するわけではありませんが、発達水準の客観的な把握が望ましい場面では有効なアプローチとなります。

もちろん、検査結果だけをもって支援方針を決めるということはしません。その子の園での様子や保護者の状況など、総合的に検討したうえで対応を考えていきます。

たとえば言語発達に遅れがあっても、言葉に関心を示し、保育士の言葉に復唱が適切にみられるというように、順調な言葉の獲得に向けての進展があるような場合は、保護者とも成長を共有する程度にとどめるでしょうし、ASD的な特性がみられ、言葉の獲得以前に人への関心が薄い場合などは、保護者にそういった特性を伝える準備を始めることになります。

(2) M《エム》－CHAT《チャット》

1歳児クラスでは、2歳の誕生月を迎えた園児にM－CHATを実施し、簡単な所見を内部記録として残すようにしました。

M－CHATはASDのスクリーニングテストで、健常児には見られるがASD児にはあまり見られない行動と、ASD児には見られるが健常児にはあまり見られない行動、運動と言語に関する項目などの23項目から構成されています。行政による1歳半の乳幼児健診でも一部を抜粋して使用されていることが多いものです。

通常、1歳半の乳幼児健診では、保護者が定められた項目を自己チェックすることになっていますが、みぎわでは園内部で保育士と心理士とが協力してチェックすることで、リスクの高い園児を見つけ、早期に支援方針を考え始めることに役立てています。

現時点では、結果をそのまま保護者に伝えるということにはしておらず、結果に基づいて日々の保育での対応を検討するために活用しています。

M－CHATの実施によって、いままで気になっていた園児が改めて支援対象として該当することもありますが、いままでさほど気にしていなかった園児が該当することもあります。該当した園児については後日、改めて心理士による行動観察をおこない、今後の対応について検討することにしています。

(3) 新版K式発達検査

新版K式発達検査は、「姿勢・運動」「認知・適応」「言語・社会」の3領域の評価により、子どもの発達指数と発達年齢を数値で表すことができる検査手法です。京都市児童福祉センターが療育手帳を発行したり、療育施設を子どもと保護者に紹介したりする際に用いられています（京都市以外の自治体でも広く活用されています）。

療育手帳の発行には、京都市児童福祉センターで新版K式発達検査を受けることが必須ですが、療育施設の紹介をする程度ならば、民間が実施した検査結果をもって紹介することが現在は可能になっています。とはいえまだその事例は少なく、医療機関での検査結果にもとづいて療育施設につながった事例が出てきたという段階です。

そのようななか、みぎわでは園児に対して新版K式発達検査を園内で実施し、保護者の方が検査結果を京都市児童福祉センターに持ち込めば療育施設の紹介につなげられるようにすべく、京都市児童福祉センター発達相談所発達相談課と協議しています。

これが実現すると、民間保育園での検査結果をもって療育施設に接続する道が拓かれるため、行政機関で発達検査を受けるまでの待機時間を削減でき、早期の療育が可能となります。

京都市児童福祉センターからは、民間保育園で検査を実施する場合、その**検査結果の質を担保することを前提**に、まずは第1号の検査結果が出たら持ってきてほしいと言われていて、これからみぎわで第1回目の検査を実施するところです。

たしかに京都市児童福祉センターがいうように、検査を実施する者の能力を向上させ、質の高い検査をおこなうことができなければなりません。

そのためにみぎわの心理士は、新版K式発達検査の講習会を順番に受講することにしています。

そして、新版K式発達検査の開発者の一人である大久保純一郎教授（京都橘大学）が、検査技術向上のための特別研修を複数回実施してくださいました。
さらに、大久保先生による月に1回のスーパービジョンの機会を得る体制を我々心理・リハビリチームは整えています。このようにみぎわは、法人として発達検査の質を高める努力を重ねています。

なお、療育施設につながることを保護者が願っていたとして、療育手帳の発行までを希望している場合は、みぎわで新版K式発達検査をおこなうのは適切ではありません。みぎわで実施してしまうと、子どもが検査内容を学習してしまい、同一の検査手法が半年間は使えなくなってしまうため、療育手帳の発行に必要な検査の時期が遅れかねないからです。

このように検査の実施可否については保護者との事前相談と許可が必要であったり、そもそも保護者が子どもの障害となりうる特性をある程度受容していることが前提になったりします。

とはいえ、いまだに発達検査の待機時間が長い京都市において、民間保育園で新版K式発達検査を実施し、その結果が療育手帳発行の判断材料として行政に使われる可能性が出てきているのは明るい兆しだと思っています。

もちろん新版K式発達検査は、検査結果を京都市に持ち込んで療育施設の紹介につなげるためだけでなく、園内でのより正確なアセスメントに活用するためにも有用であることは言うまでもありません。

この検査結果を保育士と共有することで、現在作成している個別支援計画の妥当性や、これまでのアセスメントで気づけなかった特性に気づくこともできるでしょう。
また、保護者とも結果を共有することで、より正確な子ども理解を保護者ができるようになり、保護者、保育士、心理士が共通の認識・理解に基づいて、それぞれの立場からの支援や望ましいかかわりを考えるきっかけになると期待しています。

5
CHAPTER

個別支援計画の作成支援
――多職種間での対話を通じて相互理解を深める

「保育所保育指針」には次のように記載されています。

「障害のある子どもの保育については、一人一人の子どもの発達過程や障害の状態を把握し、適切な環境の下で、障害のある子どもが他の子どもとの生活を通して共に成長できるよう、指導計画の中に位置付けること。また、子どもの状況に応じた保育を実施する観点から、家庭や関係機関と連携した支援のための計画を個別に作成するなど適切な対応を図ること」

この「家庭や関係機関と連携した支援のための計画を個別に作成」したものをみぎわでは「個別支援計画」と呼んでいます。

個別支援計画は基本的には保育士が作成します。心理士はその作成のサポートに徹するべきであり、保育士が主体性をもって支援を実現するのが望ましいあり方だと考えているためです。

心理士は対象となる園児の特性と必要な支援方針案を保育士に伝えますが、それはあくまでも心理士の視点に基づくものであることに留意する必要があります。保育士は保育士の視点に基づき園児の特性を理解し、必要な支援を考えていることが多いため、どちらが正しいかではなく、お互いの考えを理解し、すりあわせていくことを重視せねばなりません。

みぎわの個別支援計画のフォーマットでは、支援内容を3つの項目に分けて考えるようになっています。

① 対象となる園児の発達上の重要なポイントはどこなのか

② サポートが必要なのはどこで、どこまでを保育のなかでサポートできるのか
③ 短期・長期の視点でどうなってほしいのか

以上の3点を十分に意識したうえで、保育士と心理士との対話を通じて支援計画を立てていきます。

作成にあたって、心理士の提案した支援内容がそのまま採用される場合もありますが、できるだけ保育士が自分の言葉で表現するようにしてもらっています。というのも、保育士の書いた文章を読んで、心理士との視点のちがいに気づくこともあるからです。

そんなときは改めて心理士側の真意を伝え直すことの手間は当然出てきますが、こういった修正のプロセスでも、保育士の考えを心理士が、心理士の考えを保育士が、より深く理解することにつながるはずです。

多職種連携には相互理解が必要不可欠です。

こういった**「手間のかかるプロセス」の一つひとつを大切にしていくことが、相互理解を促進するの**だと確信しています。

6 支援会議
――多職種がそれぞれの強みを活かす絶好の場

みぎわでは心理士と保育士とがお互いのもつ情報や知見を共有し、共に考える場として、「支援会議」を定期的に開いています。支援会議はカンファレンスの形式をとっています。ここでいうカンファレンスとは、園児に関する情報を共有することを目的とした事例検討を指します。

支援会議では、対象となる園児1名ないし2名について合計1時間程度の時間をとって話し合います。

現在の保育のなかでどのような課題があるのか。その子の性格や特性、どういった場面でどういった行動をとることがあるのか。どのような対応をするのが望ましいのか。

そういったことをクラスの関係者が集まって議論するのです。クラスの保育士と心理士だけでなく、園長も出席しますし、給食室からも栄養士や管理栄養士が出席します。作業療法士や看護師にも必要に応じて出席してもらうようにしています。

みぎわの各園によって頻度は異なりますが、中京みぎわ園では2022年4月からクラスごとにそれぞれ月に1回程度、支援会議を開催するようになりました。

当初は、心理士が対象となる園児の行動や、その背景として考えられる点を説明し、出席している先生方から質問を受けるという流れが多かったように思います。

しかし、支援会議を重ねるごとに先生方も心理士の考え方や知識を吸収していき、自身の考えを積極的かつ的確に発信するようになってきました。

支援会議は園児について多職種が共に考える場ですが、そこでは心理士の考えのプロセスや、前提となる知識などを説明することになります。その意味では、

研修としての機能を有しているとも言えます。

一般的な研修であれば、特定のテーマについて体系的に説明をすることになりますが、支援会議の場では特定の園児について必要な情報や知識を具体的に説明します。当然、通常の研修と比較すると分散的な知識の習得にはなりますが、具体性と実践を重んじる保育士にとっては理解しやすい側面があるようにも感じます。体系的な学びはキャリアアップ研修などでおこない、それを補う「**もう一つの研修**」として支援会議を活用することができるのです。

心理的な支援は心理士だけがおこなうというものではありません。支援会議を通じて、心理士の考え方や知識を伝えていくことができれば、保育士や他の専門職も心理士に近い働きができるようになるはずです。心理士も保育の実践に入ることで、保育の専門性を学ぶことができます。

多職種連携の真髄はここにあるといえます。

障害児保育プロジェクトという名称を見直すタイミングが来た

さて、ここまではみぎわの心理士が具体的にどのような役割を果たしているのかを説明してきました。

保育園で常勤心理士の働き方を見出す（あるいは創出する）という、前例のあまりない取り組みですから、内部でもいろいろ試行錯誤を繰り返しました。それに、外部の専門家の方、とくに心理を専門とする各大学の研究者の方から多くの知見やアドバイスをいただきながら、私たちのプロジェクトの方向性を見直すきっかけにしていました。

そのようななか、２０２１年12月、私（藤原）の大学院時代の先輩である稲田尚子准教授（大正大学）が中京みぎわ園までお越しくださり、みぎわの障害児保育プロジェクトの取り組みについて直接ご指導をいただく機会がありました。

「障害を抱えている子どもだけでなく、みぎわはすべての子どもに望ましい保育士のかかわり方や環境設定をすでに考えはじめていると思う。ならば、障害児保育プロジェクトという名称自体を変えてもよいのでは？」

という示唆深いご指摘のほか、

「通常の保育の段階から、心理・リハビリチームが保育士とより深く連携することで、すべての園児を対象としたユニバーサルな支援をもっとできるようになるのでは？」

という今後への期待を込めたご意見を、稲田先生は私たちに残してくださいました。

心理・リハビリチーム一同、これらのご指摘には深くうなずけるところがあり、要支援児だけでなくすべての園児を対象とした保育のあり方や、その呼び方を考えていこうと本腰を入れて話すようになったのです。

最終的に私たちは「ユニバーサルデザイン保育」をめざすことになるのですが、その経緯は次のPart5でご紹介しましょう。

COLUMN 3

作業療法士が保育園の子どもたちにできること

作業療法士　尾崎　将充

「作業」とは何か

「私は作業療法士です」

そのように自己紹介をしても、具体的にどんな仕事をする人ですか？　作業っていったいなんですか？　そうみなさん口を揃えて聞かれます。

人々が日常生活でおこなうあらゆることを「作業」と呼びます。そしてその作業は大きく3つに分けられます。

1つ目は、ご飯を食べたり、トイレに行ったり、着替えたりといった、その人が生きていくために「する必要のあること」。

2つ目は、趣味やレジャーなど「その人がしたいこと」。

3つ目は、仕事や社会的役割といった「誰かにすることが求められていること」。

この3つのどれをとっても、日常生活であたりまえに私たちが繰り返していることではないか。そう思われたかもしれません。たしかにこうした日常の作業は、私たちが心も体も元気であるかぎり何の苦もなくできるでしょう。

しかし、何かのきっかけで精神疾患を抱えたり、事故に遭うなどで身体に障害を負ったり、または加齢の影響により、これまであたりまえにできていたことが思うようにできなくなってしまう。人生の道のりのなかで、誰しもそんな状況に直面する可能性があります。

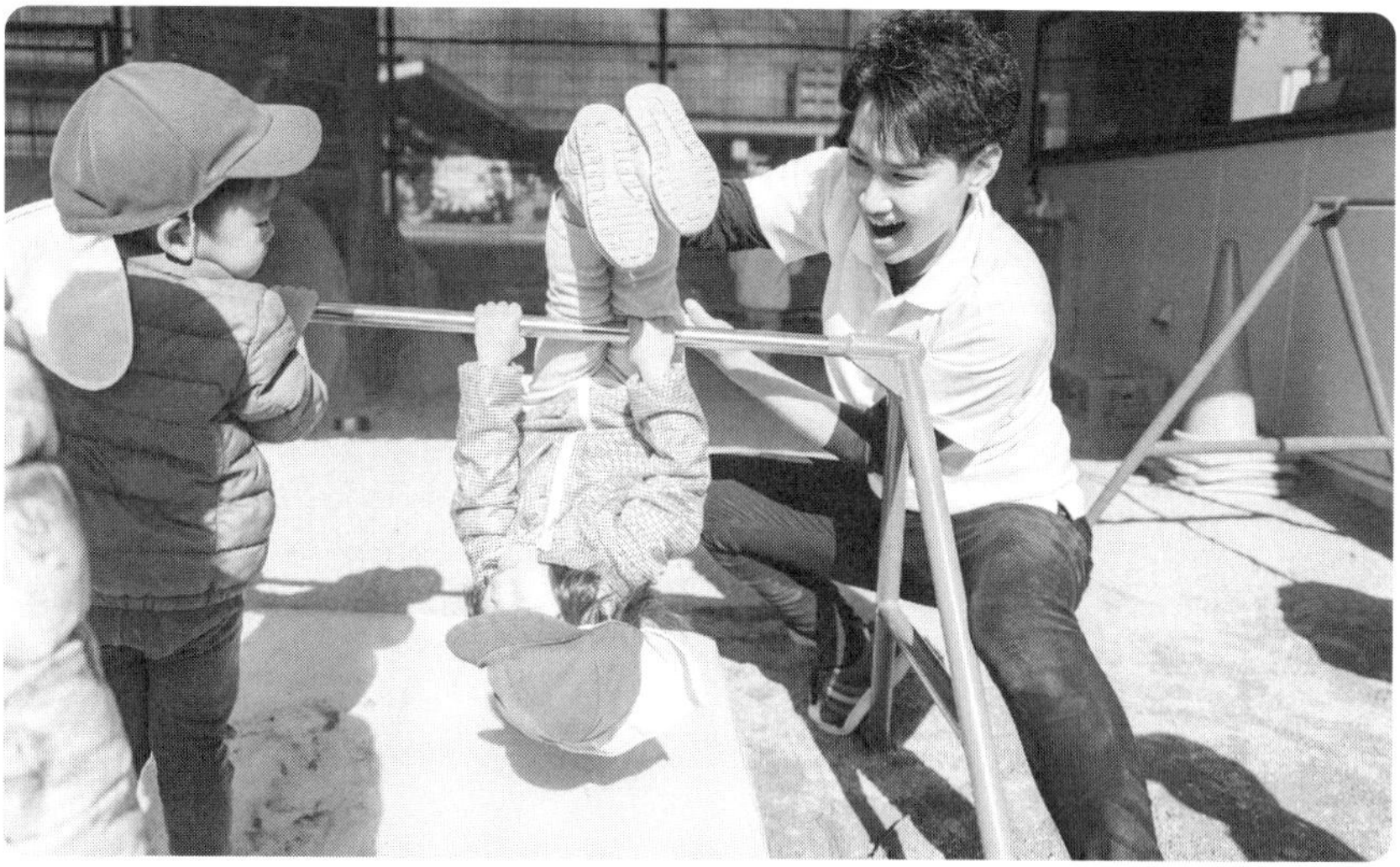
作業療法士の尾崎先生

もしくは生まれつきの発達特性をもつお子さんが、その特性ゆえに幼いころから日常生活で「あたりまえ」とされる行動をとることが困難であるがゆえに、生きづらさを感じているケースもあります。

私たち作業療法士は日常生活における「作業」に目を向け、その人にとって意味のある作業が有能感をもって行われるようにするよう、手助けを行います。科学的根拠をもって、その人の心と体と脳の機能の向上を支えるやりがいのある仕事なのです。

作業療法士が保育現場でできること

では、そんな作業療法士の専門性は保育現場でどう活きるのか。私は主に4つの領域で貢献できると思っています。

（1）運動機能の発達支援
（2）身辺動作の自立に向けた支援
（3）対人スキルの獲得に向けた支援
（4）物理的環境調整（補助具導入、生活空間への合理的配慮の導入など）

ここでは、（1）運動機能の発達支援を例として、保育現場で作業療法士の専門性がどう活かされているのか説明しましょう。

たとえば、サーキット遊び。

遊具を用いたサーキットには平均台やとび石のような不安定なところを歩いたり、ボルダリングやネットなどを使って高いところによじ登ったり、障害物をくぐったりといったさまざまな運動要素が含まれています。

作業療法士として私は、遊びのなかで感じとる感覚を子どもたちにとっての「**栄養素**」と捉え、遊びを通じて子どもたちの育ちに必要な栄養素をめいっぱい提供することをめざしています。こうした活動を通じて、子どもたちの姿勢、力加減の調整、手足の協調性、空間認知などの育ちを効果的に後押ししていくのです。

もう少し具体的に述べましょう。

サーキットのコースづくりにも工夫が必要で、子どもたちにとっての「**ほどよい挑戦感**」を狙った難易度に調整できるかどうかが作業療法士としての腕の見せどころです、子どもたちが夢中になって遊べる「**ゲーム性**」をどう加えていくかにも知恵を絞っています。

ほどよい挑戦感と豊かなゲーム性。

それらを兼ね備えた活動を楽しむことで、より高い達成感やより深い満足感を抱くことができますし、全身でさまざまな動きを繰り広げることにより、子どもたちが育ちのなかで求めている感覚を満たすことができるのです。

そして、そんな質の高い保育活動を満喫できれば、その後の保育時間で「部屋の中を走り回る」「棚の上によじ登る」といった、いわゆる不適切行動で子どもが満たされなかった感覚を発散しようとすることもなくなる、というおまけつきです。

作業療法士の専門性を保育士に知ってもらうための広報努力

こうした作業療法士の専門性、それが現場の保育にどのように活用できるかということを、もっともっと保育士のみなさんに知っていただく必要があると思っています。

そこで、作業療法士の活用方法をレストランのメニューになぞらえ、そのメニューを見て保育士のみなさんが注文できるような工夫を凝らしてみました。「リストランテ・オザキ」というレストランを模し、私はシェフ尾崎になりきり、イタリアンのコースに見立てて作業療法士の専門性を説明していきます。保育士が日常的に取り入れやすいようなメニューになるよう、具体性を大切にしました。

まず、作業療法士の使い方が手ごろに感じられそうなメニューを「前菜」に並べます。

そして、遊びのなかにある感覚という栄養素を取り入れることで子どもが喜ぶメニューを「スープ」に、遊ぶことを通じて経験する動きが身体づくりにつながるような遊びは「メインディッシュ」にかかげました。

子どもが楽しめる遊びだけでなく、保育士の役に立つようなものは別腹メニューとして「デザート」に位置づけました。

私が作業療法士として保育園や学童保育所に勤めるようになり、自分の専門性を理解してもらうまで時間がかかったのですが、このメニューは作業療法士の専門性と保育士による保育実践を融合させる橋渡し役として機能してくれています。

例えるなら、作業療法という国で親しまれる私の母国料理が、保育現場という異国に受け入れられるようになるための有効なアレンジの一つでした。インドカレーが日本人の舌に合うようレシピにさまざまな変更が施され、いまやカレーといえば日本の国民食の一つに数えられるほどの地位を築いているように、他職種の専門性を導入するときには、受け入れる側の専門性を理解し、尊重し、そこに

「リストランテ・オザキ」メニュー

なじむように柔軟にアレンジすること。本質を伝えるためには、ある程度の単純化もいとわないこと（そもそも耳を傾けてもらえなければ意味がありません）。

保育士と作業療法士とは、最初のうちこそアプローチの違いや言語の違いで、それぞれの「料理」の味わい合わせが難しく、葛藤が生まれたこともあります。

しかし、それを乗り越えて作り上げた「リストランテ・オザキ」のメニューは、保育士と作業療法士との共同作品なのです。そのメニューに息づくのは、保育士も作業療法士もともにめざしている、子どもたちの成長と笑顔あふれる未来にほかなりません。

全ページのPDFをホームページで公開しています。詳しく読みたい方は下記QRよりご覧ください。

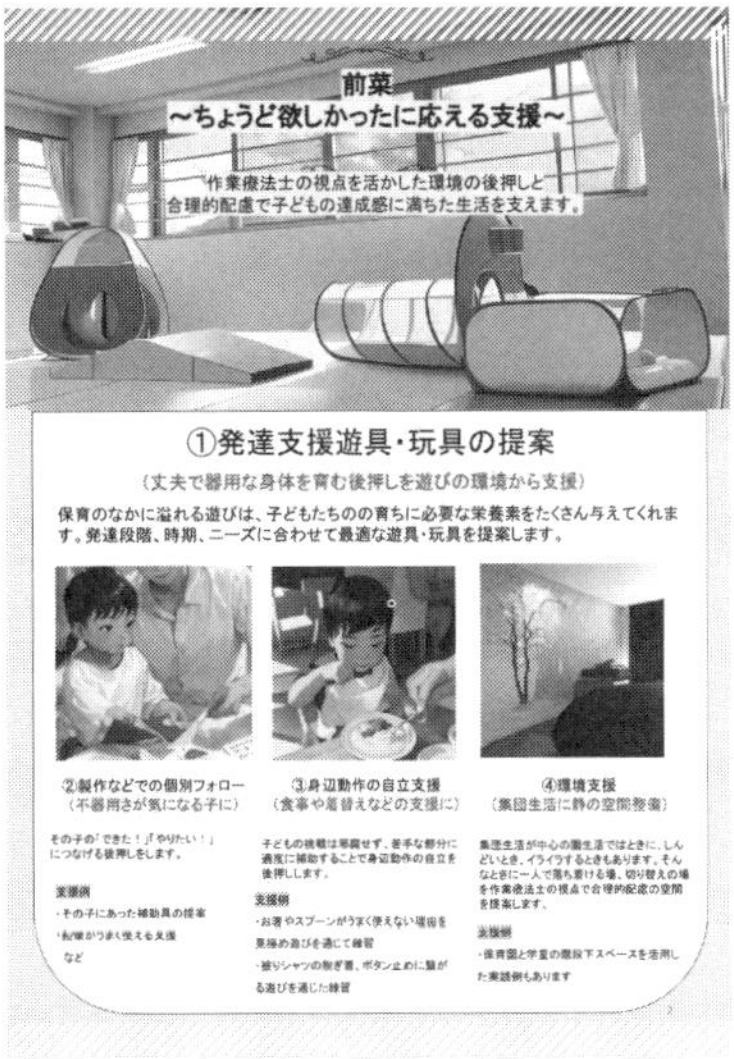

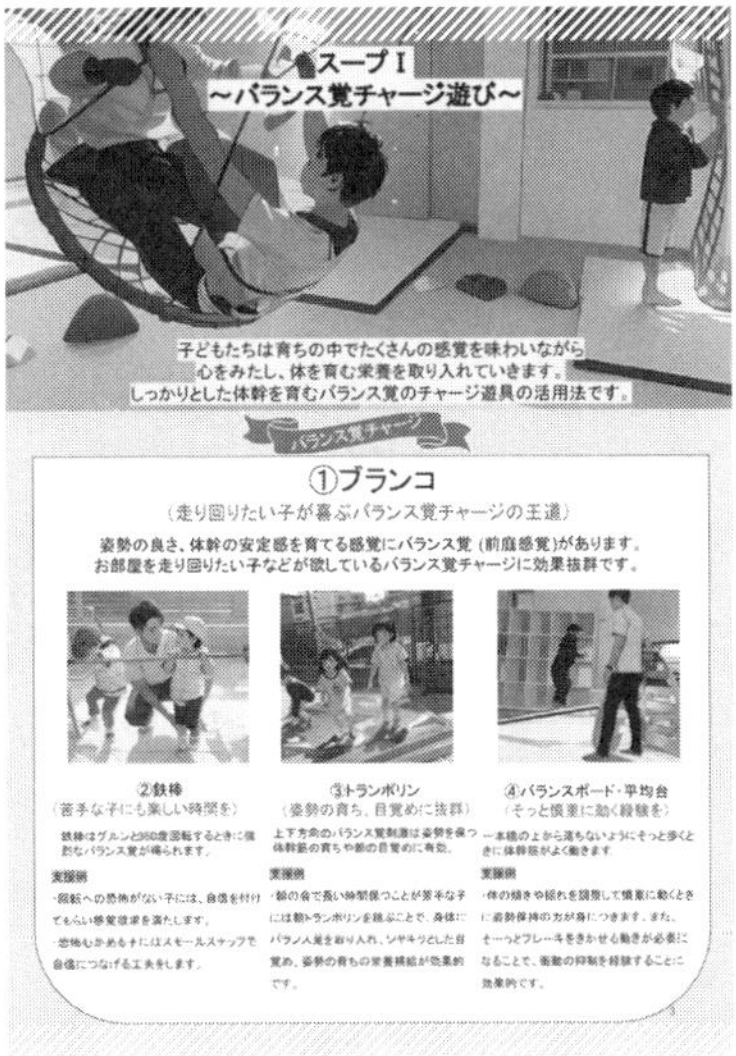

Part 5

ユニバーサルデザイン保育をめざして

顧問　塩谷　索
心理士　藤原　朝洋

Chapter 1

要支援児だけでなく、すべての子どもたちを対象とした保育を

塩谷　索

障害児保育かインクルーシブ保育か

Part4の終わりで、稲田先生から障害児保育プロジェクトという名称を変更してみては、というご提案をいただいたことを述べました。これを受けて、みぎわの心理・リハビリチームは検討を開始します。

まずは、すでに広く用いられている「インクルーシブ保育」という用語を使うかどうかを検討しました。この言葉なら、従来なら集団に入れていなかった子どももインクルード（包摂）し、どんな発達特性をもつ子どもも集団の一員として受け入れて、活動をともにしていこうというニュアンスは出ます。

けれども、みぎわの取り組みをこれが一言で表すワードといえるか、ほかにももっとフィット感

のある用語があるのではないか、もう少し検討しようというところで議論は停滞し、結論はまだ出ずにいました。

みぎわの取り組みがソーシャル企業としての認証を受ける

そうした悩みをかかえる少し前のこと（2021年8月）、みぎわの岡村勇毅監事からの紹介で、ある認証制度にみぎわの障害児保育プロジェクトを応募することにしました。

それは、一般社団法人ソーシャル企業認証機構が実施している「ソーシャル企業認証」（S認証）というもので、京都信用金庫や龍谷大学など[*6]が社会課題の解決をめざす企業に対し、経営方針、事業内容、社会的インパクトなどを基準に評価し、認証を与えるというものです。

ソーシャル企業S認証証明書

＊6　具体的には京都信用金庫、京都北都信用金庫、湖東信用金庫、龍谷大学ユヌスソーシャルビジネスリサーチセンターの4組織。

審査の結果、みぎわは認証を取得しました。2021年10月のことです。この認証を得ることで、みぎわが増収につながるような即効性のあるメリットを享受できたかというと、そんなことはありません。けれども、この認証を取っておいてよかったと思えるメリットがのちに生まれます。

みぎわの取り組みを大学や企業とともに見直してみて気づいたこと

2022年4月、一般社団法人ソーシャル企業認証機構から、ソーシャル企業認証を取得した企業のうち、福祉分野の優良事例になりそうな取り組みを探していると連絡がありました。そんな取り組みの一つとして、みぎわの障害児保育プロジェクトに彼らは注目しており、社会的インパクト調査というものを実施し、プロジェクトの成果をインパクトレポートというかたちで示せるようにしてみないかというのです。

これは自分たちの取り組みを客観的に見直してみるよい機会になるかもしれないと私は考え、ぜひやりたいと回答しました。そして、この調査のプロセスをサポートしてくださったのが、龍谷大学ユヌスソーシャルビジネスリサーチセンターの並木州太朗先生で、その先生との議論のなかで私たちは多くの知的な刺激や新しい気づきを得ることができました。

まず、調査をおこなうために必要となるロジックモデルを作成することになりました。ロジックモデルとは、プロジェクトが成果を出すために必要な要素を図にしたもので、プロジェクトの設計図ともいえます。[*7] 活動に必要なリソース（予算や人員、発達検査道具などの物品など）を書き出し、そのつぎにどんな活動をプロジェクトが行っているかをシンプルに示します。そして、それらの活動の実績を数値化し、その結果、どのような成果が出るはずなのか、またはすでに出ているのかを図に表すのです。

この一見簡単そうに見えて、実はとても奥深く難解な作業を、並木先生の本質をついた助言を何度もいただきながら進めていきました。

すると、その過程において、いままで自分たちもなんとなくプロジェクトの活動として実施していた行動が、どういう成果につながるはずのものなのか、言葉にしたり物事の相関性や因果関係を読み解いたりしていくうちに、少しずつ見えてきました。それはまるで、ぼやけた画面のピントがだんだんと合ってきて、解像度の高い鮮明な映像になっていくような体験でした。

この刺激的で楽しい体験のなかで得た気づきの一つが、「私たちの取り組みはやはり障害児のみを対象にはしておらず、すべての園児にとって望ましいユニバーサルデザインの考えを保育現場で

＊7　https://simi.or.jp/tool/logic_model, accessed on 16th Aug, 2023.

実現しようとしているのではないか」ということだったのです。

この調査はみぎわが障害児保育プロジェクトから「ユニバーサルデザイン保育プロジェクト」に舵を切った契機となりました。

私と吉田が2018年度当初にめざしていたのは、「障害のある園児およびグレーゾーンの園児にフォーカスし、心理士・リハビリ職の専門性を活かした支援を展開すること」でした。そのための取り組みは「障害児保育」という言葉で表現できるものです。

しかし、現在実現しようと頑張っているのは、障害の有無にかかわらず、すべての園児が成長できる

ような保育環境です。ここで保育環境というとき、そこには園児だけでなく、そこで働く保育士や、園児を育てる保護者も視野に入ってきます。そうしたすべての関係者にとって、保育園がいまよりよい保育の場になるようにしたい。

そういった私たちの想いに合致するのが「ユニバーサルデザイン」という考え方であり、社会的インパクト調査の副産物として、この考え方に思い至ることができたのです。

Chapter 2

みぎわがめざす ユニバーサルデザイン保育

藤原 朝洋

では、ユニバーサルデザインとは何なのか。

このことを考えるには、バリアフリーという概念と対比させてみるとわかりやすいかもしれません。

バリアフリーは、障害のある人が社会生活をするうえでのバリア（障壁）を取り除くという考え方です。これに対して、ユニバーサルデザインは障害の有無にかかわらず、多様な人々が利用しやすいようにあらかじめデザインするという考え方です。ユニバーサルデザインは「特別な人」への対応ではなく、「多様な人々」にとっての利便性を重視します。ゆえに、社会的にも広がりやすいとされます。

実際、多くの人は意識せずに、いまも日常生活のなかでユニバーサルデザインの恩恵を受けています。

- ペットボトルの容器に凹凸があること（握力が弱くとももちやすい）

- コンビニには自動ドアがあること（人感センサーによって、健常者のみならず、車椅子使用者や力が弱い方でもコンビニに入りやすくなる）
- 自動販売機に低めの位置に配置された選択ボタンがあったり、硬貨を入れやすい受け皿のついたコイン納入口や、かがまないでも商品が取り出せる高さにある商品取り出し口が備えられたりしていること（子どもや高齢者、背の低い人、車椅子利用者にとっても使い勝手がよい）。

こうした例は身近にいくつもあって、私たちはふだんその恩恵を特段意識することはなくても、メリットを享受していることが多いかもしれません。

社会に普及しているそんなユニバーサルデザインと同じように、特別な人のための特別な努力ではなく、「そのほうがみんなにとってよいから」そのやり方を選択する。その考え方を保育現場に持ち込むことができれば、そして、それが少しずつ広がってゆけば理想的だと考えています。

「誰かのための工夫」ではなく「みんなのための工夫」

ユニバーサルデザインには7つの原則があります。

① 誰にでも公平に利用できること
② 使う上で自由度が高いこと
③ 使い方が簡単ですぐわかること
④ 必要な情報がすぐに理解できること
⑤ うっかりミスや危険につながらないデザインであること
⑥ 無理な姿勢をとることなく、少ない力でも楽に使用できること
⑦ アクセスしやすいスペースと大きさを確保すること

こうしてみると、みぎわが支援会議などを通じて工夫してきたことの多くはユニバーサルデザインの考えに通じる部分が多くあります。

ユニバーサルデザインは、「これでユニバーサルデザインが完成した」という考え方ではなく、「よりユニバーサルデザインに近づいた」というような考え方になります。すべての原則を満たす必要はなく、かといって他の原則を損なうこともなく、いずれかの原則を一歩前にすすめるような継続的な取り組みであることが重視されます。

ユニバーサルデザイン保育をみぎわですすめていくうえで重要なのは「**誰かのための工夫**」ではなく「**みんなのための工夫」であること**です。改めて障害のある園児を含む多様な園児を想定した

ときに、私たちにはどのような保育ができるのか、いまあるユニバーサルデザインからもヒントを得ることができるのではないかと考えています。

ユニバーサルデザイン保育は特別なことではない

保育園にあるユニバーサルデザインの考えに沿ったモノはいくつもあります。

たとえば、園庭にある鉄棒もサイズが大中小と3サイズ用意されています。これは年齢の異なる園児の体のサイズに合わせることができるだけでなく、遊び方に合わせて適した高さを子どもたちが自分で選ぶこともできます。

他にも、保育室はできるだけ広くスペースを取り、不要なものを置かないようにしています。棚は移動式で、イベントの時などには複数の保育室をつなげてホールのように使用することもできます。

階段の踊り場には、上から降りてくる子へ、下から昇ってくる子が映るアクリルミラーを設置することで、子どもたちの衝突のリスクを軽減しています。もちろん床は階段部分のみクッション性のある素材を使用しています。

子どもたちが使用するモノは子どもたちの高さに、開けてはいけない鍵や触ってはいけないモノは大人の高さに設置しています。

文字が読めない年齢の子どもにはわかりやすいイラストを用意し、ロッカーや下駄箱などで使用します。

こういったことは保育園では、特別な事例として紹介されるようなものではなく、ごくあたりまえの工夫です。ですが、**こういったものに「ユニバーサルデザイン」という言葉を充てることで、何を大切にすべきなのかはっきりと職員が意識できます。そして、その方向へと「もう一歩」を踏み出すためには何をすればよりよいのか考えるヒントを得ることができる**と考えます。

ユニバーサルデザインの利点として、それがユニバーサルデザインの考え方に適合しているものであれば、自然と社会に広がり、それがあることがあたりまえになっていくことが挙げられます。先ほど紹介したペットボトルの容器の凹凸やコンビニの自動ドアもそうです。いまやコンビニのドアを自分の手で開けなければと思う人がいないように、それが生活に浸透した、あたりまえの環境になっていくのです。

ですので、いま私たちが「ユニバーサルデザイン保育」として取り組み始めたものも、いずれ目新しいものではなくなるでしょうし、実は他の園ではすでに取り入れているということもあるでしょう。そういう意味では「ユニバーサルデザイン保育」で大切なことは、その考えにしたがって、いまある保育を見直し、改善を繰り返していくことにあると思っています。

2歳児クラスや3歳児クラスでは、言葉だけでの指示ではうまく伝わらないことがあります。そこで絵カードやイラストを取り入れる工夫をおこなったところ、子どもたちによく伝わったという実例はいくらでもあります（108ページ参照）。これもユニバーサルデザインの考え方に沿っていると言えるでしょう。

あるいは設定保育の選択肢を複数用意して、子どもたちに選ばせるという方法も効果的で、子どもの参加意欲を高め、メリハリのある保育が可能になるのだと学びました（116、127ページ参照）。

一例を挙げると、中京みぎわ園が行っている運動遊びで鉄棒、跳び箱、マットの3種類を用意し、事前に子どもたちにアナウンスし、当日、子どもたちがそれぞれやってみたいことを自分たちで選択するという試みを始めました。

そうすると、いままで「できないからやりたくない」と消極的もしくは参加しようとしなかった子どもが「これは得意だからやりたい」と得意な活動（たとえば鉄棒）からスタートし、そこで自信がついてくると「難しいけどやってみよう」と他の活動（たとえばマット）にもチャレンジするようになっていく姿が見られ始めました。

これまで得意ではなかった活動に挑戦し、それが上手くいかなかったときでも、「できないからもうやりたくない」とすぐに拒否するのではなく、「今日はできないけど、次やってみる」とがんばろうとする姿が以前に比べて多くみられるようになってきたことも保育現場にいる立場から感じています。子どもたちの活動への参加意欲が高まったからこその反応なのだろうと思います。

保育士は、その日のその子の様子を見たうえで「次、できるようになるのにどのようなサポートが必要なのか？」をクラスで話し合い、次回の活動につなげていっています。この取り組みは運動遊びだけでなく、製作などの他の設定保育でも行われるようになっています。


同じような例はいくつもあります。

1歳児クラスで、みんなが好きな絵本やおもちゃの一部を安全に配慮したうえで棚の上に配列することは、コミュニケーションに遅れのある園児の指差し行動を引き出すきっかけになるだけでなく、この時期の子どもたちに必要な他者へのコミュニケーションを伸ばすきっかけにもなります。

子どもに少し長めの話を聞いてもらうときには、床に座るよりも椅子に座るほうが聞きやすいはずです。

朝の活動の前に体をしっかりと動かす時間があれば、静的な活動への取り組みやすさが増すはずです。


こういった一つひとつの工夫の余地に気づき、一歩一歩改善していくこと。

その積み重ねが「今より少し良い保育」につながるはず。

園児がうまく活動に参加できない。そういった状況があれば園児側の要因だけでなく、保育環境の改善をまずすべきではないか。保育士のかかわり方の工夫ができないか。

このような方向で日々、考えつづけていくことが必要です。

ユニバーサルデザインを補う合理的配慮

しかし、すべての対応がユニバーサルデザイン保育の考え方によってできるわけではありません。

そのため、ユニバーサルデザイン保育の考え方に基づき、みんなにとって望ましい環境を整備する努力を重ねながらも、特別なニーズのある園児に対しては、個別に合理的配慮を提供することもまた必要です。

合理的配慮の考え方にもとづく対応も、保育園ではあたりまえに行われていることなので、目新しさはないかもしれません。

- みんなの前で発言することが苦手な子の発言を聞き取り、代わりに他の園児に伝える。
- 全体への声かけで指示が伝わりにくい子には個別に声をかける。
- 何をして遊んだらよいかわからない子と遊びをいっしょに探す。
- 散歩の時に手をつなぐことが苦手な子とは保育士が手をつなぐ。
- おしりが拭けない子のお尻を拭いてあげる。

・走るのが苦手な子にはいっしょに走ってあげる。

これらはいずれも、合理的配慮に考え方にもとづく対応です。

ただ理想論としては、真にユニバーサルな環境が施されたなら、合理的配慮そのものが不要になるという考え方があります。保育園でまだまだ合理的配慮が必要なのは、保育園の現在の環境やルールが多様なニーズのある園児を十分に想定できていないからなのでしょう。

もちろん保育園では、月齢の違い、発達の個人差などの要因によって個別の対応が不可欠な場面が多いのは否めません。ですが、**「だから個別の対応を続ける」のではなく、ユニバーサルデザインの考えに基づいて根本から改良できる点がないかという検討を私たちはつづけていきたいと思っています。こういった試行錯誤、検討と見直しのプロセスのすべてを含めて、それがユニバーサルデザイン保育につながる道です。**

その道を一足《ひとあし》ずつ歩んでいくなかで、保育の質は向上していく。

私たちは、そう信じています。

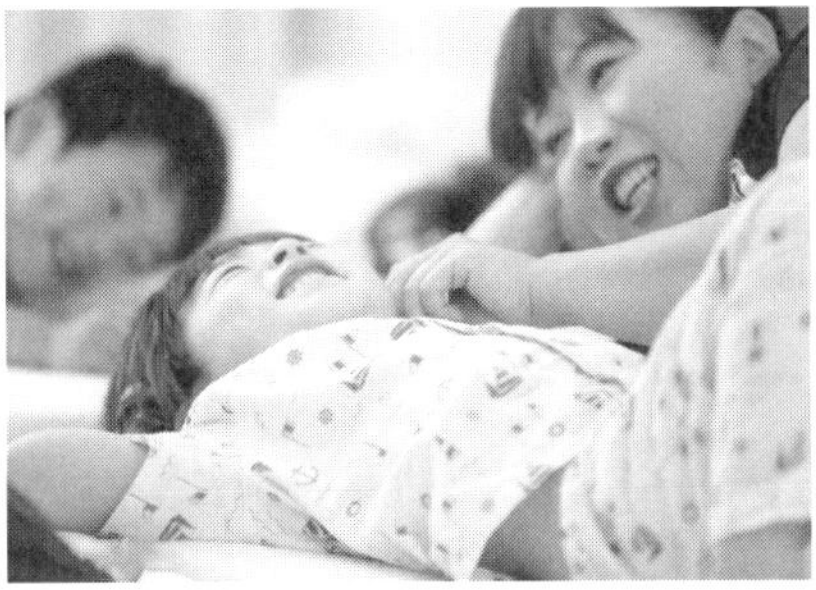

KEEP

COLUMN 4

炭山みぎわビレッジ～自然保育が秘める可能性

顧問　塩谷　索

京都府宇治市にある山あいの静かな里「炭山」。

ここは私の生まれ故郷である宇治市の木幡から山を一つ越えたところにあり、幼少期によく訪れていた思い出の地です。その時代の記憶を辿り、私は2016年ごろから自分の息子たちとよくこの地を訪ねるようになります。そして、かつて私が子どもだったころ心から楽しんだ自然のなかでの遊びを、親になってから自分の息子たちといっしょに楽しんでいました。

炭山の土地との出会いと、「山の家」の建設

そこからもう少しだけ時は流れ、2021年5月22日の土曜日。

私が中京みぎわ園に出勤すると、事務室にはみぎわ保育園園長の関谷奈月と心理士の藤原朝洋がすでにおり、何やら話し込んでいます。二人の会話を聞くともなしに聞いていると、「自然が豊かな山間地に土地を買えたら、園庭ではできないような自然体験を子どもたちがめいっぱいできるね」という話題が出てきて、そこから二人ともどんどんその話で盛り上がっていくではありませんか。これは私も参加せねばと思い、「その話、おもしろいですね！　いい土地があるかどうか探しておきますよ」と応じました。

その夜、家族が寝静まったあとのリビングで私

は山間地の土地探しを開始します。園児を定期的に連れて行くなら、できるだけうちの園に近いところがいいし、傾斜地ではなくてある程度平坦なところがいい。広さもそこそこあってほしい。

でもまあそんなところなかなかすぐには見つからないだろうな、でも調べるだけ調べてみようかとネット検索したところ、なんと条件をすべて満たす土地が一発でヒット。

それが炭山の土地でした。

夜は空けて、5月23日の朝。

さっそく担当の不動産会社に連絡を入れ、その日のうちに私と次男、佐々木隆吏評議員の3人で現地訪問。その結果、「ここは園児たちが自然体験を楽しむのに理想的な場所だ」と3人とも意見が一致しました。法人の財務状況を考えても十分可能な投資額であり、すぐに理事会に諮って、この土地の購入と自然保育の推進方針への承認を得る

炭山みぎわビレッジ「山の家」

ことができました。

不動産会社や前所有者さんのあたたかいご協力もあって、土地の購入手続きは6月末に完了。それからというもの、子どもたちがここでどんな体験をしてほしいか私と関谷、藤原とで話し合う日々がつづきます。

園児をこの場所に連れていくとなると、移動手段がなくてはいけません。そこで私と藤原とが中型運転免許を取得し、マイクロバスも2台購入して、私たちはいつでもドライバーとして稼働できる体制を整えました。

それに、現地に園児を連れて行って活動するなら、そこにトイレもほしい、川遊び後にシャワーを浴びられる場所もほしい、何ならお泊り保育で宿泊できるような立派な建物がほしい、という話の流れで「山の家」（炭山みぎわビレッジと命名）の建設を計画することになり、2023年7月にはその建物が完成しました。

自然保育では子どもたちが主役に

いま、みぎわの子どもたちは炭山の野原を駆け回って遊んだり、草に寝転がって空にうかぶ雲をながめたり、はたまたバッタやカマキリを追いかけたり、隣を流れる小川でメダカやサワガニをつかまえたりと、自然遊びを心ゆくまで楽しむことができています。

「炭山みぎわビレッジ」は子どもたちが遊びの合間に疲れを癒す場所として機能しているほか、併設しているバーベキューガーデンで子どもたちが職員とともに食事をつくり、めいっぱい遊んだあとのお昼ごはんを食べるなどの経験もできています。

幼児期は、ダイナミックな自然体験を通じて、

炭山に流れる志津川で魚やサワガニ獲りに熱中する子どもたち

子どもの感性を磨いていく絶好の成長タイミングです。

自然は毎日その姿を変えますし、一日たりとも同じ環境はなく、炭山を訪れるたびに子どもは偶然の出会いを経験することになります。四季の草花の変化を感じる日もあれば、見つけられる虫も季節によって変わります。山から下りてきた鹿に出会う日もあれば、雨のあとには川のかたちが変わっていて、いままで魚を見つけられたポイントが別の場所に移っていることに気づく日もあるでしょう。こうした自然がもたらしてくれる偶然性に触れ、それに驚きを感じ、新たな発見をし、子どもの感性がどんどん豊かなものになっていくことを期待しています。

自然のなかで子どもが遊ぶとき、保育士は見守りに徹するようにしています（安全確保には細心の注意を払ったうえで）。主役はあくまで子どもであってほしいからです。

大人が決めたスケジュールや遊び方ではなく、子ども自身の興味・関心に沿って、探検したり、虫探しをしたり、木の実拾いをしたり、満足いくまで自然体験を満喫できるようにします。「じぶん（たち）でやる」「じぶん（たち）でもできる」という経験を通じてこそ、子どもの自主性が育まれると思っていますし、仲間とともに協力して活動することが自然のなかでは求められるため、協働性を育む格好の機会になるに違いありません。


こうして生まれた炭山みぎわビレッジは、まだまだいろんな活動を展開できる可能性を秘めています。

これから、「みぎわファーム」と称して、地元の方々とともに菜園を営んでいくことがすでに決まっていますし、ピザ窯を自分たちで設置して、菜園から採れた野菜をつかったピザを子どもたちとつくりたいという職員も出てきて、いまピザ窯づくりの計画を練っているところです。

子どもたちとともに、大人（職員）も創造性を発揮して楽しみながら、保育をもっと豊かにしていく。

そんなひろがりが、自然保育にはきっとあります。

epilogue

社会福祉法人美樹和会　顧問　塩谷　索

本書では、保育園に常勤心理士がいることの意義、そして保育園心理士の具体的な役割や働き方をご紹介しました。

みぎわでは現在4名の臨床心理士・公認心理師と1名の作業療法士が常勤職員として働いています。言語聴覚士・塩谷晴代は、現在も大学病院で主に口唇口蓋裂など先天性の疾患をもった子どもの摂食・嚥下、発達、構音の検査や訓練を実施するなど臨床経験を蓄えているところであり、ことばの課題をもつみぎわの園児について保育士から相談があれば、必要に応じて支援をおこなっています。

この6名と私との合計7名で「心理・リハビリチーム」を組織し、お互い切磋琢磨しながら、そして現場の保育士と連携を図りながら、日々保育の質の向上（とくにユニバーサルデザイン保育の実現）をめざしています。

もちろん、はじめから心理士が保育園での仕事を円滑にスタートできたわけではありません。まず、心理士の専門性を保育士にわかってもらうところから始めないといけませんでした。

心理士側も保育現場にどのように入ればいいのか、手探り状態でしたし、何より子どもに受け入れてもらわないとそもそも仕事になりません。最初のころは苦労の連続で、この苦闘の様子はPart2に書いているとおりです。

しかし、いまになってみると、これまでの苦労は決して無駄ではなく、いわば産みの苦しみだったのだとわかります。

みぎわの一人目の心理士、まさにパイオニアである吉田かけるが失敗や苦労を重ねながらも道を切り拓き、後につづく人のためにたくさんの道しるべを残したからこそ、二人目以降の心理士は比較的スムーズに保育現場に入り、保育士との協力関係や園児との信頼関係を築くことができました。


あらためて、保育園に常勤心理士がいてよかったと心から思います。

支援が必要な子どもへの個別のかかわりも充実しますし、健常児も含めすべての子どもが生きいきと活動参加できるような工夫も提案できます。

また保護者には、気軽に発達相談をできる存在が身近にいる日常を提供できます。

保育士にとっても日々心理士と働き、その考え方や視点に触れることで、子どもの発達にかかる知識や観察力、アセスメント能力、現場での対応力などが向上します。

心理士にかぎらず、リハビリ職や看護師もそうだと思いますが、保育以外の専門性をもつ人材との多職種連携によって保育の質は向上するのだということを痛感しました。

心理士を保育園で雇うとなれば、もちろん人件費がかかります。常勤職員として雇用するならなおさらです。

それでも、その投資規模に十分見合った効果は期待できますし、まずは臨時職員としての雇用から始めてみてもいいかもしれません。複数の園で1名の心理士を雇用ないしは業務委託契約を締結するという方法もあるでしょう。そうした人材シェアリングを、たとえば園長会などの単位でおこなってみてはいかがでしょうか。

現在の国の制度では、看護師を1名保育士に読み替え、配置基準に含めることができるというルールはありますが、心理士やリハビリ職の配置読み替えはできません。いずれそうした制度が整うことを期待しますが、それまでは心理士・リハビリ職が保育士の認定試験を受験し、保育士資格を取得することで配置基準に入れるという方法もあります。実際、心理士は保育現場に入って子どもとかかわり、保育士と協働するわけですから、保育士資格取得のための勉強は直接的に仕事の役に立ちます。

追加人件費の予算措置や採用に関する工夫などは必要ですが、本書をお読みくださっている保育関係者の方には、保育園・幼稚園・認定こども園などに心理士を迎え入れることをぜひともご検討いただければと思います。

では、どうやって心理士をみつけるのか。

みぎわがおこなっている工夫としては、地域の大学の心理学科から実習生を受け入れ、有望な人材のリクルートに努めたり、大学での講義の機会をいただき、直接多くの学生さんに保育園心理士の魅力や具体的な働き方を伝えたりしています。また、各都道府県にある臨床心理士会に問い合わせてみて、求人を出してもらうなどしてみてもいいかもしれません。現状では、保育園に心理士のポストがあることすら知られていませんので、待ちの姿勢ではなく、自分から探しに行くスタンスが必須です。

それに、どんな心理士でもいいというわけではありません。[*8] みぎわの経験から次の3つの姿勢をもつ心理士が望ましいと考えています。

① 保育・医療・福祉・司法など領域にかかわらず、その施設の文化や求められている活動に関心をもち、積極的に動く姿勢
② 専門領域の知識だけでものごとを考えるのではなく、他職種の知識を学び、現場で活かす姿勢
③ 要支援児への支援を重視しすぎて個別支援のみに偏るということがなく、集団だからこそできることにも目を向ける姿勢

このうち、①と②は必須要件ですが、③については実際に働くなかで、個別支援と集団活動のバランス感覚を身につけていけばいいとも思いますので、採用時に③の姿勢があるかどうかまで判断できなくてもいいかもしれません。

ともあれ、求人の段階でこれら3つの姿勢については書いておくのがよいでしょう。求人票で業務内容を記載するときには、本書のＰａｒｔ４が役立つと思いますし、採用後の保育士との協力関係構築についてはＰａｒｔ２が（反面教師の側面もありますが）参考になると思います。

また、採用になった心理士は、おそらく保育園で働いた経験が乏しい場合が多いと思われます。具体的にどのような貢献をすればよいのか、はじめのうちはイメージにしくいかもしれません。そんなときには、みぎわの各施設に見学や短期インターンにお越しいただいても結構です（むしろ歓迎します）。本書にも登場した心理士が実際にどのように働いているのか、どうやって子どもとかかわり、いかに保育士たちと連携しているのか、支援会議ではどのような議論がなされているのか、直接経験していただければ、ご自身が採用された園でこれからどうやって動いていけばいい

＊8　どんな心理士でもいいというわけではない、というのはＰａｒｔ１でも述べていますが、そこではみぎわにとってはじめての心理士、パイオニアになる人に求めたい条件を書きました。ここでは、パイオニア的要素を強調せず、一般的に保育園心理士を雇用するならこうした条件が必要ではないかと思うものを列挙しています。

か、早い段階で見通しをもつことができるでしょう。


最後に。

心理士の専門性は保育業界に必ず役に立つものです。

保育と心理の相性は非常にいいとも感じています。

いまはまだ、巡回相談などでの接点にとどまっている段階ですが、早く保育園に心理士がいることがあたりまえの世の中になってほしい。

本書をきっかけに心理士がいる園が少しずつでも増え、保育士と心理士との連携が深まっていくことで、多職種の専門性を活かした子どもへのかかわりが普及していくことを願っています。

編著者PROFILE

塩谷　索（しおたに さく）　社会福祉法人美樹和会　顧問

1980年、京都府宇治市生まれ。洛星中学・高等学校、慶應義塾大学を経て、東京大学大学院総合文化研究科修了。2007年から国際協力機構（JICA）に勤務し、アフリカのタンザニアで農業開発の支援等に従事。2015年にアフリカから京都に戻り、保育園を経営する家業を事業承継。理事長在任中から、保育で現場を牽引できるリーダーがトップになり、それを経営面で補佐する専門集団がいる体制をめざしたいと考える。経営改革が一段落した2023年、理事長職を職員に委ねて、自身は顧問に就任。現在は経営企画室の職員とともに働き、法人経営に関するアドバイスをおこなっている。

吉田　かける（よしだ かける）　社会福祉法人美樹和会　心理・リハビリチーム副主任

1991年、京都府生まれ。帝塚山大学大学院心理科学研究科前期博士課程修了（心理学修士）。臨床心理士、公認心理師、放課後児童支援員。児童相談所、精神保健福祉センター、重症心身障害児（者）医療施設を経て、現在、美樹和会 心理・リハビリチームの副主任を務めつつ、保育園における発達支援の強化、心理士と保育士の連携手法の全国普及をめざしている。

藤原　朝洋（ふじわら ともひろ）　社会福祉法人美樹和会　心理・リハビリチーム主任

1981年、福岡生まれ。九州大学大学院人間環境学府博士後期課程単位取得後満期退学。臨床心理修士（専門職）。著書（共著）『臨床動作法の実践をまなぶ』（新曜社）。臨床心理士、公認心理士、保育士。九州共立大学、徳島大学、大阪教育大学を経て、現在、美樹和会心理・リハビリチーム主任、大阪公立大学非常勤講師を務める。

社会福祉法人 美樹和会《みぎわかい》

〒612-8006　京都市伏見区桃山町大島38番110

WEB. http://www.migiwahoikuen.com/

- 京都市認定こども園　**みぎわ保育園**（京都市伏見区桃山町大島38番110）
- 京都市委託事業　**みぎわ児童館**（京都市伏見区桃山町大島38番110）
- 京都市認可保育所　**中京みぎわ園**（京都市中京区壬生神明町1-13）
- 京都市認可保育所　**中京みぎわ園分園「ななほし」**（京都市中京区壬生神明町1-382）
- 京都市認可小規模保育事業所　**中京みぎわ保育ルーム**（京都市中京区少将井町245-1-101）
- 京都市委託事業　**朱雀みぎわ学童保育所**（京都市中京区壬生朱雀町8-2）
- 企業主導型保育事業　**清水みぎわ保育園**（京都市伏見区越前町609）
- 企業主導型保育事業　**吉秀みぎわ保育園**（京都府八幡市下奈良新下6-3）
- **炭山みぎわビレッジ**（京都府宇治市炭山土井谷10）

扉・本文写真：長嶺愛、高安力、村田京太郎、西村有津紀

保育園に心理士がやってきた
――多職種連携が保育の質をあげる

2023年11月30日　初版発行

編　著●Ⓒ塩谷　索・吉田かける・藤原朝洋

発行者●田島英二
発行所●株式会社 クリエイツかもがわ
〒601-8382 京都市南区吉祥院石原上川原町 21
電話 075(661)5741　FAX 075(693)6605
http://www.creates-k.co.jp　info@creates-k.co.jp
郵便振替　00990-7-150584

装丁・デザイン●菅田　亮

印刷所●モリモト印刷株式会社

ISBN978-4-86342-362-6 C0037　printed in japan

■ 好評既刊本　　　　　　　　　　　　　　　　　　　　　　　　　　　定価表示

子ども理解からはじめる感覚統合遊び
保育者と作業療法士のコラボレーション

加藤寿宏／監修　高畑脩平・萩原広道・田中佳子・大久保めぐみ／編著

保育者と作業療法士がコラボして、保育・教育現場で見られる子どもの気になる行動を、感覚統合のトラブルの視点から10タイプに分類。その行動の理由を理解、支援の方向性を考え、集団遊びや設定を紹介。　1980円

乳幼児期の感覚統合遊び
保育士と作業療法士のコラボレーション

加藤寿宏／監修　高畑脩平・田中佳子・大久保めぐみ／編著

「ボール遊び禁止」「木登り禁止」など遊び環境の変化で、年齢別の身体を使った遊びの機会が少なくなったなか、保育士と作業療法士の感覚統合遊びで、子どもたちに育んでほしい力をつける。　1760円

学童期の感覚統合遊び　学童保育と作業療法士のコラボレーション

太田篤志／監修　森川芳彦×角野いずみ・豊島真弓×鍋倉功・松村エリ×山本隆／編著

画期的な学童保育指導員と作業療法士のコラボ！

指導員が2ページ見開きで普段の遊びを紹介×作業療法士が2ページ見開きで感覚統合の視点で分析。子どもたちに育んでほしい力をつける！　2200円

「学童保育×作業療法」コンサルテーション入門
地域に出よう！　作業療法士

小林隆司／監修 八重樫貴之・佐藤葉子・糸山智栄／編著

子どもの特性、環境、友だち、支援者の関わりをコンサル20事例で学ぶ。

子ども理解と放課後の生活、作業療法コンサル理論入門と実際。これであなたも地域で活躍できる！　2420円

チャレンジ！ファシリテーション・ボール・メソッド
こころと身体のボディワーク 基礎と実践

FBM 研究会／編

空気量を調整した柔らかいファシリテーション・ボール（FB）を媒介にしたボディワーク。触圧、揺れ、振動などの刺激と同時に、抗重力活動、バランス、姿勢の保持・静止・変換・移動、手指操作などを個々に応じたプログラム。　2530円

エンジョイ！ ファシリテーション・ボール・メソッド
発達を支援するからだの学習

FBM 研究会／編

動きがぎこちない、座った姿勢が崩れやすい、運動が苦手といった発達に課題のある子どもたちに、FBの自在性・弾力性を活かして、心身のリラクセーションとバランスや姿勢保持などの運動機能向上をはかる。QRコードから動きを「動画コーナー」でチェックできる。　2200円

実践！ ムーブメント教育・療法
楽しく動いて、からだ・あたま・こころを育てる

小林芳文／監修　阿部美穂子／編著　NPO 法人日本ムーブメント教育・療法協会／著

インクルーシブな活動として、保育・教育、特別支援、障害者・高齢者福祉で取り入れられ活用！

楽しく体を動かして、主体的に環境にかかわり、感覚・知覚・精神運動の力を育み、自己有能感と生きる喜びを獲得する。　2200円

https://www.creates-k.co.jp/

子どものやってみたい！を育てる みやもっち体育

宮本忠男／著

いつものあそびから、その運動に似ている動きを組み合わせ、子どもの「これならできそう」につなげる。新たに身につけようとする運動課題と、今もっている力で楽しめるあそびを融合し、ストーリー性をもたせた「みやもっち体育プログラム」。ちょっと苦手な運動を“やってみようかな”に変えるヒントがいっぱい。　1980円

子どものかわいさに出あう 増補版

乳幼児期の発達基礎講座

近藤直子／著

子どもの「イヤ！」にはこころの育ちがかくれてる。乳児から幼児になる1歳半の節、2歳から3歳の自我のめざめ、4、5歳のこころの育ち、学童期のこころの発達、5つの講座で学ぶ発達の基礎。　1320円

発達を学ぶちいさな本　子どもの心に聴きながら

白石正久／文・写真

どんなに幼い子どもでも、それぞれの発達時期において、その時期らしい願いをもっている。でも、いつも思い通りにいくとは限らない。泣いて立ち上がり葛藤を繰り返すなかで、あるとき「願い」に近い自分になっていることに気がつきく。0歳から5歳までの心と身体の発達の道すじを、写真とともに子どもの表情や指先、行動、言葉からよみとく。　1320円

子どもの気持ちがわかる本

こころの安心の貯金通帳

家森百合子／著

ほめるのが苦手なお母さん、いませんか？普段の生活の中で、タイムリーにほめるなんてますますむずかしい。どうしたらいいの？そんなときこの本を開いてみてください。子どもの気持ちがきっとみえてきます。　1980円

障害のある人とそのきょうだいの物語　青年期のホンネ

近藤直子・田倉さやか・日本福祉大学きょうだいの会／編著

あの時は、ことばにしなかったけれど……「話せる場」ができたとき、14人の青年が語り出す、これまでの自分とこれからの自分。兄弟姉妹や親へのさまざまな思い。地域、家族構成、障害程度などにより一人ひとり体験が異なるきょうだいへの支援、家族支援の多様性や重要性を提起。　1100円

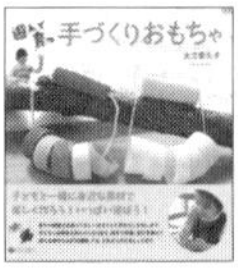

遊んで育つ手づくりおもちゃ

大江委久子／著

育ちの過程で出会ってほしいおもちゃを手作りしよう。呼吸、両手、手首、からだ、ひも通し、音と手触り、ごっこあそびの発達に関わる7つのテーマにわけた、手づくりおもちゃ＆あそび30種類。　1760円

あたし研究　自閉症スペクトラム～小道モコの場合　1980円
あたし研究2　自閉症スペクトラム～小道モコの場合　2200円

小道モコ／文・絵

自閉症スペクトラムの当事者が「ありのままにその人らしく生きられる」社会を願って語りだす―知れば知るほど私の世界はおもしろいし、理解と工夫ヒトツでのびのびと自分らしく歩いていける！